Impressum
Verlag: BABADADA GmbH, Nedderfeld 112 , 22529 Hamburg
Geschäftsführer / Verlagsleitung: Harald Hof
Druck: Books on Demand GmbH, In de Tarpen 42, 22848 Norderstedt

Imprint
Publisher: BABADADA GmbH, Nedderfeld 112 , 22529 Hamburg, Germany
Managing Director / Publishing direction: Harald Hof
Print: Books on Demand GmbH, In de Tarpen 42, 22848 Norderstedt

l'école

skola

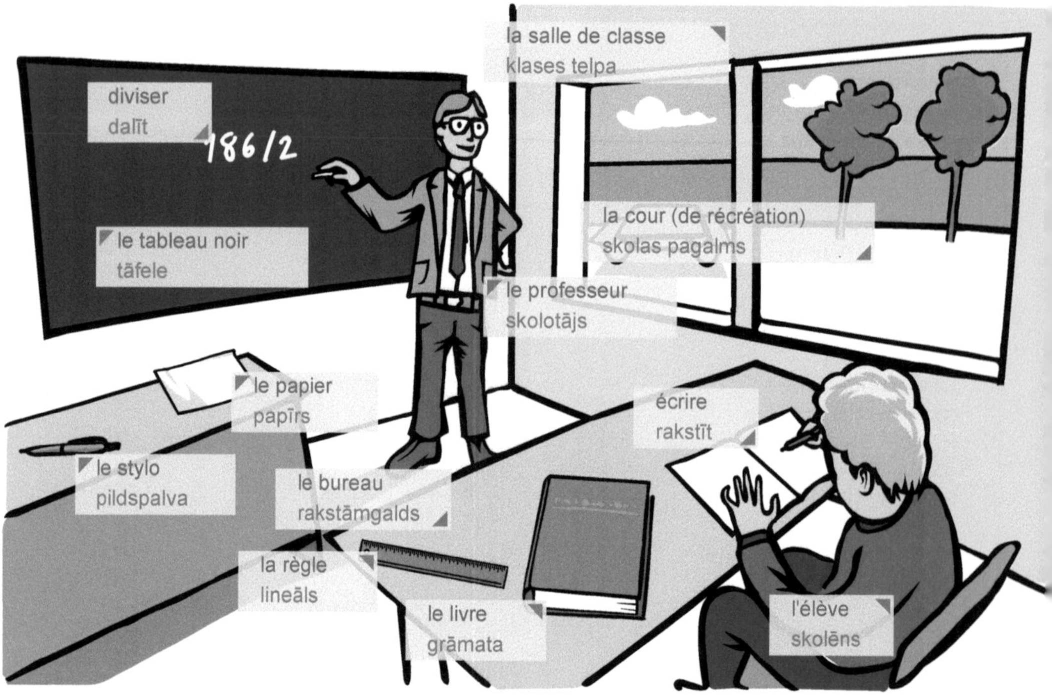
la salle de classe
klases telpa
diviser
dalīt
186/2
le tableau noir
tāfele
la cour (de récréation)
skolas pagalms
le professeur
skolotājs
le papier
papīrs
écrire
rakstīt
le stylo
pildspalva
le bureau
rakstāmgalds
la règle
lineāls
le livre
grāmata
l'élève
skolēns

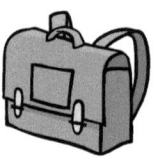

le cartable
skolas soma

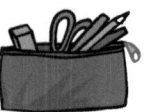

la trousse
penālis

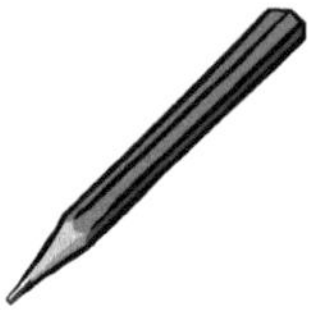

le crayon
zīmulis

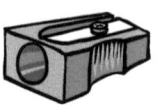

le taille-crayon
zīmuļu asināmais

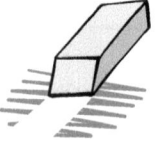

la gomme
dzēšgumija

le carnet à dessin
zīmēšanas bloks

le dessin

zīmējums

le pinceau

ota

la boîte de peinture

krāsas

les ciseaux

šķēres

la colle

līme

le cahier d'exercices

darba burtnīca

les devoirs

mājas darbs

le chiffre

skaitlis

additionner

saskaitīt

soustraire

atņemt

multiplier

reizināt

calculer

rēķināt

la lettre

burts

l'alphabet

alfabēts

hello

le mot

vārds

le texte

teksts

lire

lasīt

la craie

krīts

la leçon

mācību stunda

le livre de classe

žurnāls

l'examen

eksāmens

le certificat

liecība

l'uniforme scolaire

skolas forma

la formation

izglītība

le lexique

enciklopēdija

l'université

universitāte

le microscope

mikroskops

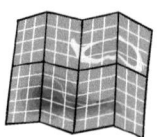

la carte

karte

la corbeille à papier

papīrgrozs

le voyage
ceļojums

l'hôtel
viesnīca
Grand
l'auberge
hostelis
ROOMS
CHANGE
le bureau de change
valūtas maiņas punkts
la valise
čemodāns
la voiture
automašīna

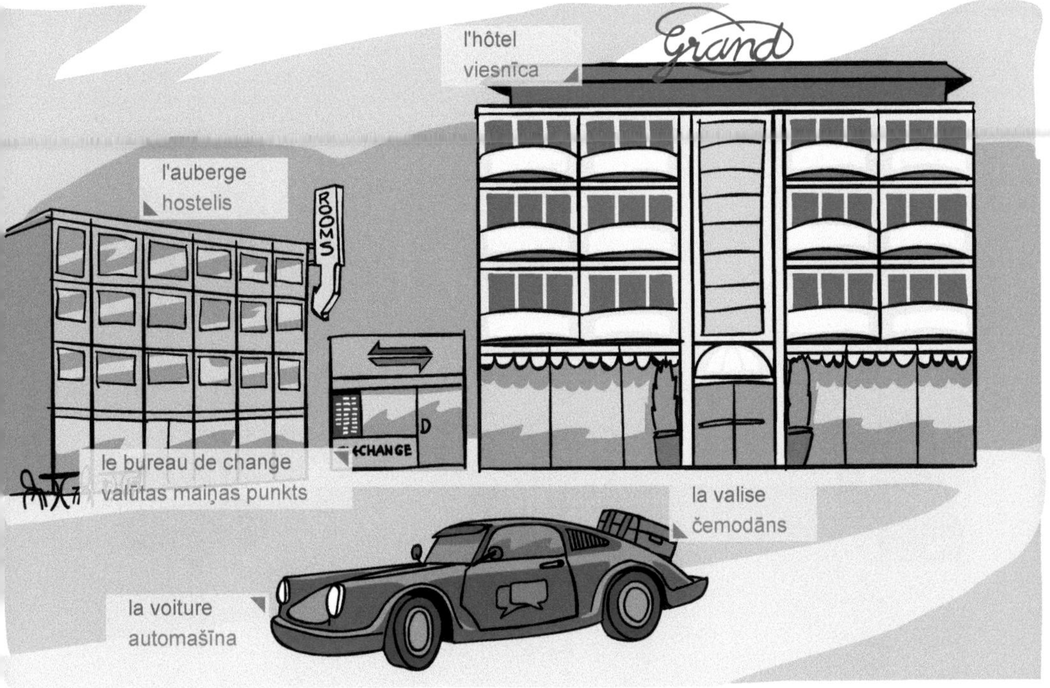

la langue

Valoda

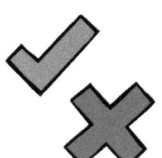

oui / non

jā / nē

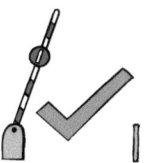

d'accord

Okay

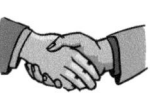

Salut

Sveiki!

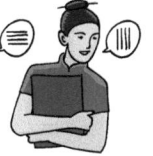

l'interprète

tulks

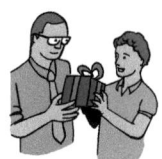

merci

paldies

Combien coûte...?

Cik maksā...?

Je ne comprends pas

Es nesaprotu

le problème

problēma

Bonsoir !

Labvakar!

Bonjour !

Labrīt!

Bonne nuit !

Ar labu nakti!

Au revoir

Uz redzēšanos

la direction

virziens

les bagages

bagāža

le sac

soma

le sac-à-dos

mugursoma

l'hôte

viesis

la pièce

istaba

le sac de couchage

guļammaiss

la tente

telts

l'office de tourisme

tūrisma informācija

la plage

pludmale

la carte de crédit

kredītkarte

le petit-déjeuner

brokastis

le déjeuner

pusdienas

le dîner

vakariņas

le billet

biļete

l'ascenseur

lifts

le timbre

pastmarka

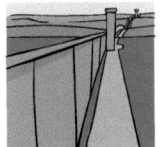

la frontière

robeža

la douane

muita

l'ambassade

vēstniecība

le visa

vīza

le passeport

pase

le transport
transports

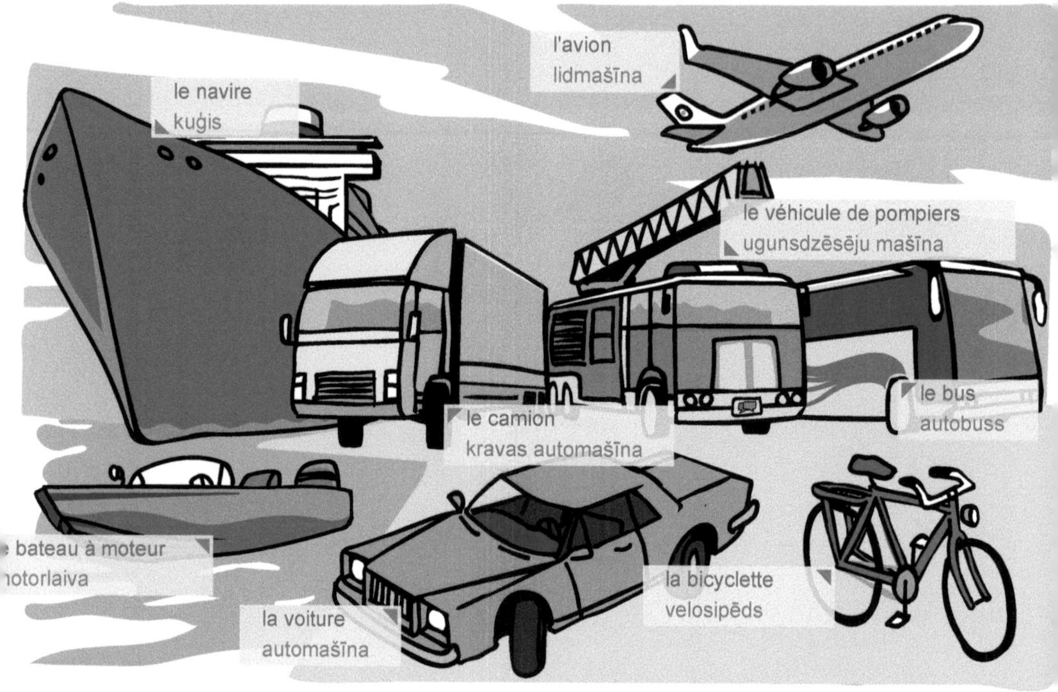

le navire
kuģis
l'avion
lidmašīna
le véhicule de pompiers
ugunsdzēsēju mašīna
le camion
kravas automašīna
le bus
autobuss
bateau à moteur
otorlaiva
la voiture
automašīna
la bicyclette
velosipēds

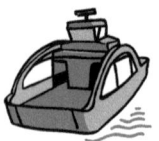

le ferry

prāmis

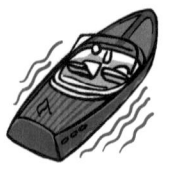

la barque

laiva

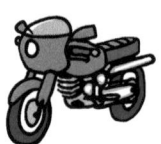

la moto

motocikls

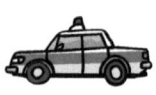

la voiture de police

policijas automašīna

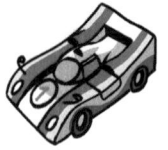

la voiture de course

sacīkšu automobilis

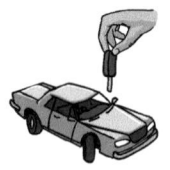

la voiture de location

nomas auto

l'auto-partage

auto koplietošana

la voiture de remorquage

evakuators

la benne à ordures

atkritumu mašīna

le moteur

dzinējs

l'essence

benzīns

la station d'essence

degvielas uzpildes stacija

le panneau indicateur

ceļa zīme

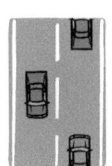

le trafic

satiksme

l'embouteillage

sastrēgums

le parking

stāvvieta

la gare

dzelzceļa stacija

les rails

sliedes

le train

vilciens

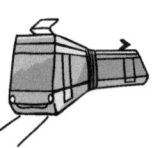

le tramway

tramvajs

le wagon

vagons

l'hélicoptère

helikopters

l'aéroport

lidosta

la tour

tornis

le passager

pasažieris

le conteneur

konteiners

le carton

kaste

le chariot

ratiņi

la corbeille

grozs

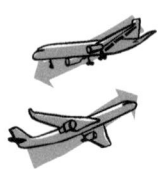

décoller / atterrir

pacelties / nosēsties

la ville

pilsēta

le village

ciems

le centre-ville

pilsētas centrs

la maison

māja

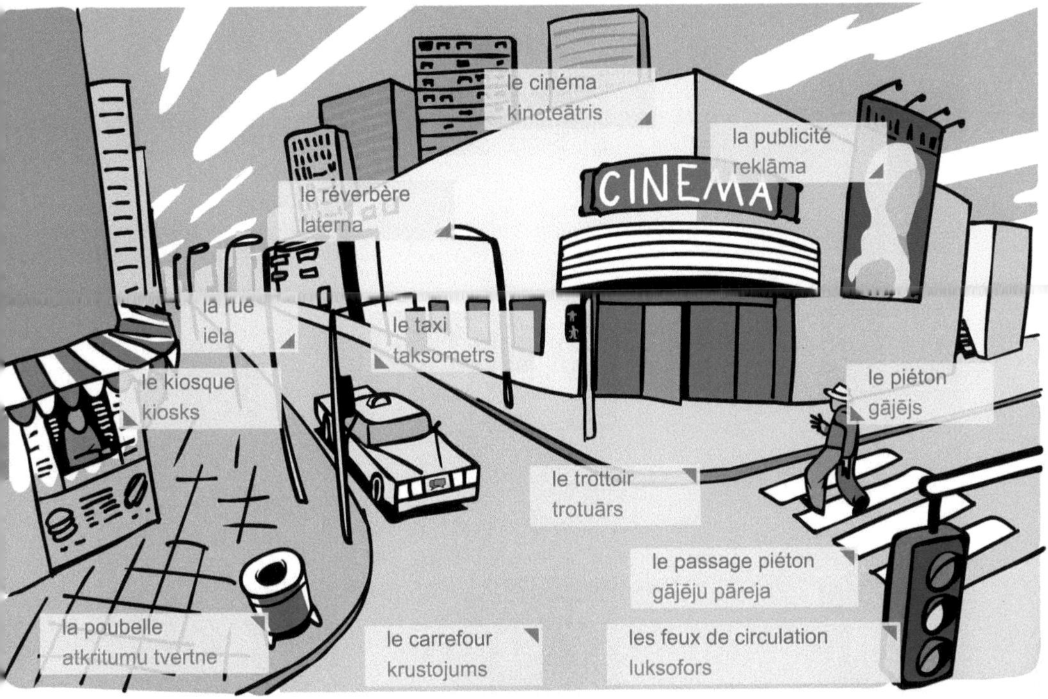

le cinéma
kinoteātris

la publicité
reklāma

le réverbère
laterna

CINEMA

la rue
iela

le taxi
taksometrs

le piéton
gājējs

le kiosque
kiosks

le trottoir
trotuārs

le passage piéton
gājēju pāreja

la poubelle
atkritumu tvertne

le carrefour
krustojums

les feux de circulation
luksofors

la cabane
....
būda

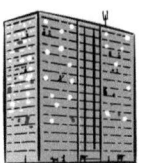

l'appartement
....
dzīvoklis

la gare
....
dzelzceļa stacija

la mairie
....
rātsnams

le musée
....
muzejs

l'école
....
skola

l'université

universitāte

la banque

banka

l'hôpital

slimnīca

l'hôtel

viesnīca

la pharmacie

aptieka

le bureau

birojs

la librairie

grāmatnīca

le magasin

veikals

le fleuriste

ziedu veikals

le supermarché

lielveikals

le marché

tirgus

le grand magasin

tirdzniecības centrs

la poissonnerie

zivju tirgotājs

le centre commercial

tirdzniecības centrs

le port

osta

le parc

parks

la banque

sols

le pont

tilts

les escaliers

kāpnes

le métro

metro

le tunnel

tunelis

l'arrêt de bus

autobusa pieturvieta

le bar

bārs

le restaurant

restorāns

la boîte à lettres

pastkastīte

le panneau indicateur

ielas nosaukuma plāksne

le parcmètre

stāvlaika skaitītājs

le zoo

zooloģiskais dārzs

le réverbère

peldbaseins

la mosquée

mošeja

la ville - pilsēta

la ferme
zemnieku saimniecība

la pollution
vides piesārņojums

la cimetière
kapsēta

l'église
baznīca

l'aire de jeux
spēļu laukums

le temple
templis

le paysage
ainava

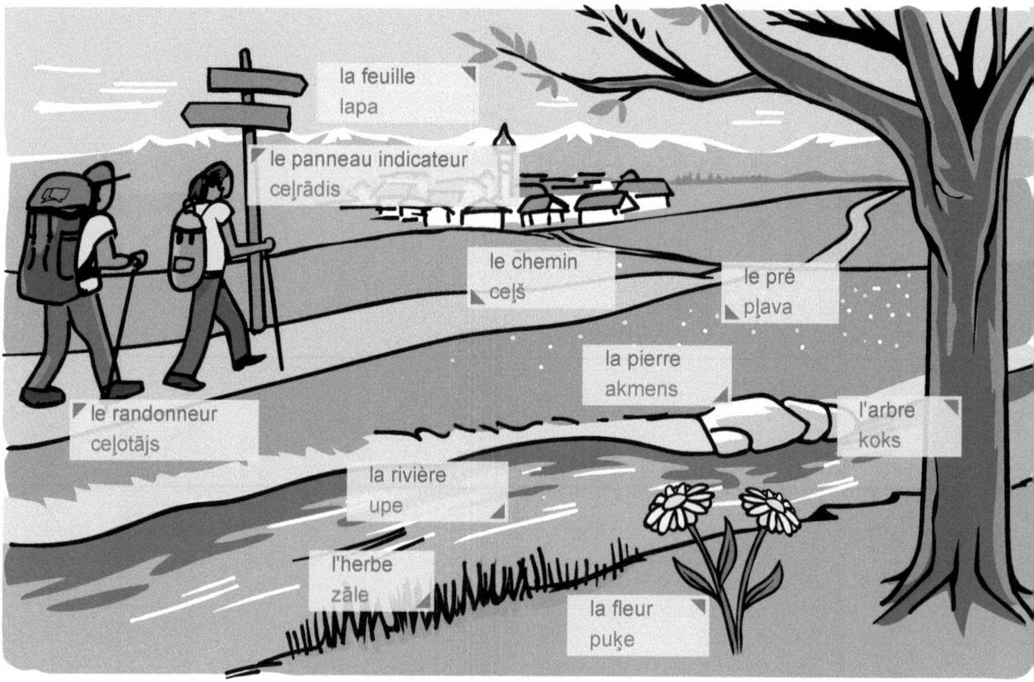

la feuille
lapa

le panneau indicateur
ceļrādis

le chemin
ceļš

le pré
pļava

la pierre
akmens

l'arbre
koks

le randonneur
ceļotājs

la rivière
upe

l'herbe
zāle

la fleur
puķe

la vallée

ieleja

la montagne

kalns

le lac

ezers

la forêt

mežs

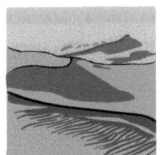

le désert

tuksnesis

le volcan

vulkāns

le château

pils

l'arc-en-ciel

varavīksne

le champignon

sēne

le palmier

palma

le moustique

moskīts

la mouche

muša

les fourmis

skudra

l'abeille

bite

l'araignée

zirneklis

le paysage - ainava

le coléoptère

vabole

la grenouille

varde

l'écureuil

vāvere

le hérisson

ezis

le lièvre

zaķis

la chouette

pūce

l'oiseau

putns

le cygne

gulbis

le sanglier

meža cūka

le cerf

briedis

l'élan

alnis

le barrage

aizsprosts

l'éolienne

vēja ģenerators

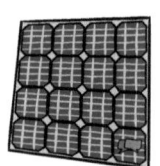

le panneau solaire

saules baterija

le climat

klimats

le restaurant

restorāns

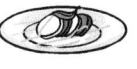

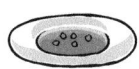

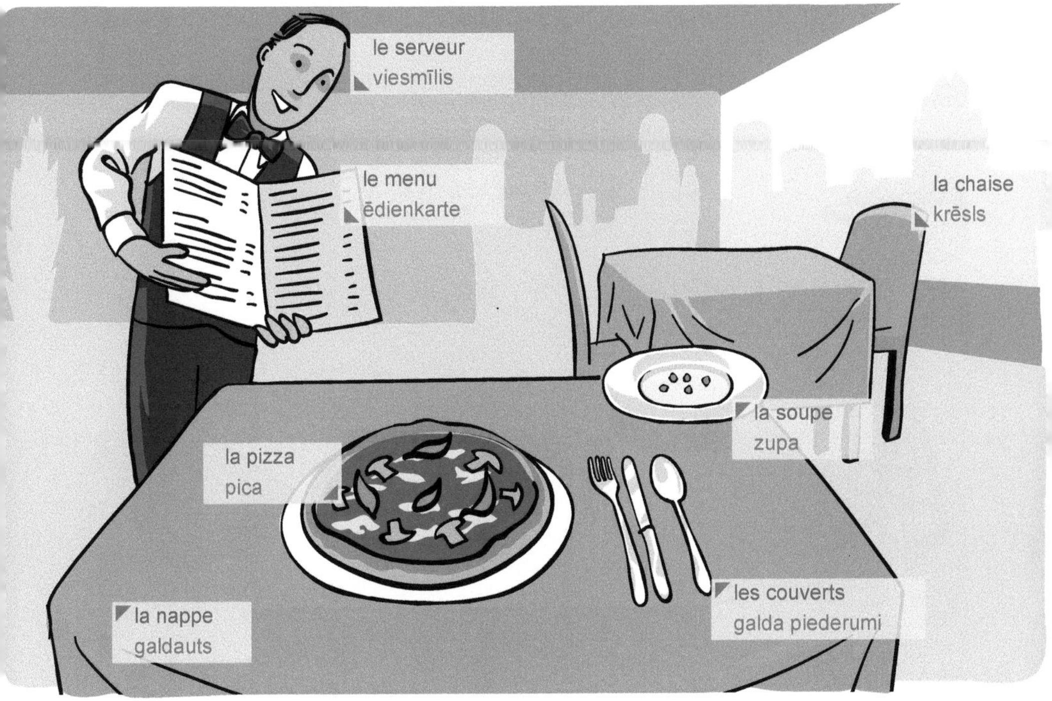
le serveur
viesmīlis
le menu
ēdienkarte
la chaise
krēsls
la soupe
zupa
la pizza
pica
les couverts
galda piederumi
la nappe
galdauts

les hors d'œuvre

uzkoda

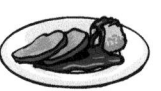

le plat principal

pamatēdiens

le dessert

deserts

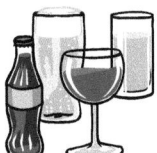

les boissons

dzērieni

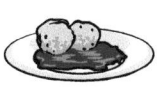

l'alimentation

ēdiens

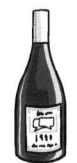

la bouteille

pudele

le fast-food

ātrās uzkodas

les plats à emporter

ielu uzkodas

la théière

tējkanna

le sucrier

cukurtrauks

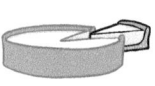

la portion

porcija

la machine à expresso

espresso kafijas automāts

la chaise haute

bāra krēsls

la facture

rēķins

le plateau

paplāte

le couteau

nazis

la fourchette

dakša

la cuillère

karote

la cuillère à thé

tējkarote

la serviette

salvete

le verre

glāze

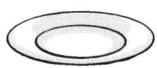

l'assiette

škīvis

l'assiette à soupe

zupas šķīvis

la soucoupe

apakštase

la sauce

mērce

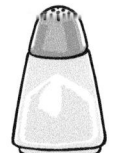

la salière

sāls trauciņš

le moulin à poivre

piparu dzirnaviņas

le vinaigre

etiķis

l'huile

eļļa

les épices

garšvielas

le ketchup

kečups

la moutarde

sinepes

la mayonnaise

majonēze

le supermarché
lielveikals

l'offre promotionnelle
piedāvājums
FOR
le client
klients
les produits laitiers
piena produkti
les fruits
augļi
le chariot
iepirkumu ratiņi

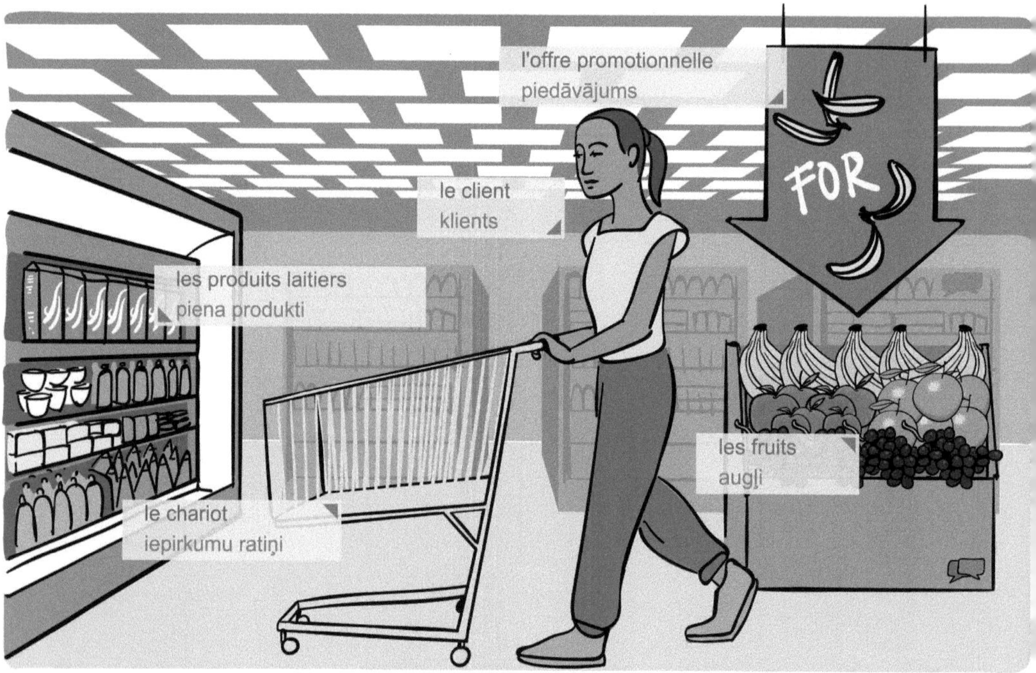

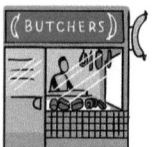

BUTCHERS
la boucherie

kautuve

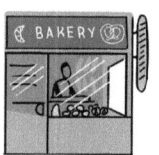

BAKERY
la boulangerie

maizes veikals

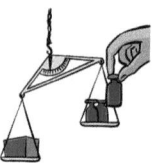

peser

svērt

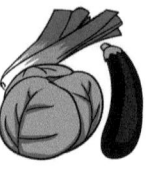

les légumes

dārzeņi

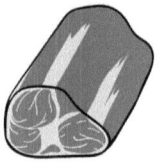

la viande

gaļa

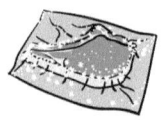

les aliments surgelés

saldēti produkti

la charcuterie

aukstās gaļas uzkodas

les conserves

konservi

la poudre à lessive

pulveris

les bonbons

saldumi

les articles ménagers

mājsaimniecības preces

les détergents

tīrīšanas līdzeklis

la vendeuse

pārdevēja

la caisse

kase

le caissier

kasieris

la liste d'achats

iepirkumu saraksts

les heures d'ouverture

darba laiks

le portefeuille

maks

la carte de crédit

kredītkarte

le sac

soma

le sac en plastique

maisiņš

l'eau

ūdens

le jus de fruit

sula

le lait

piens

le coca

kola

le vin

vīns

la bière

alus

l'alcool

alkohols

le chocolat chaud

kakao

le thé

tēja

le café

kafija

l'expresso

espresso

le cappuccino

kapučīno

la banane

banāns

la pomme

ābols

l'orange

apelsīns

le melon

melone

le citron.

citrons

la carotte

burkāns

l'ail

ķiploks

le bambou

bambuss

l'oignon

sīpols

le champignon

sēne

les noisettes

rieksti

les pâtes

makaroni

les spaghetti

spageti

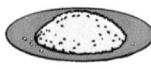

le riz

rīsi

la salade

salāti

les pommes frites

frī kartupeļi

les pommes de terre rôties

cepti kartupeļi

la pizza

pica

le hamburger

hamburgers

le sandwich

sviestmaize

le poisson

l'escalope

šnicele

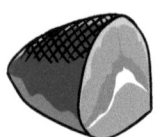

le jambon

šķiņķis

le salami

salami

la saucisse

desa

le poulet

vista

le rôti

cepetis

le poisson

zivs

les flocons d'avoine

auzu pārslas

le muesli

muslis

les cornflakes

brokastu pārslas

la farine

milti

le croissant

radziņš

les petits-pains

brokastu maizītes

le pain

maize

le pain grillé

tostermaize

les biscuits

cepumi

le beurre

sviests

le fromage blanc

biezpiens

le gâteau

kūka

l'œuf

ola

l'œuf au plat

cepta ola

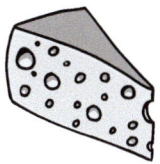

le fromage

siers

la glace

saldējums

le sucre

cukurs

le miel

medus

la confiture

marmelāde

la crème nougat

riekstu krēms

le curry

karijs

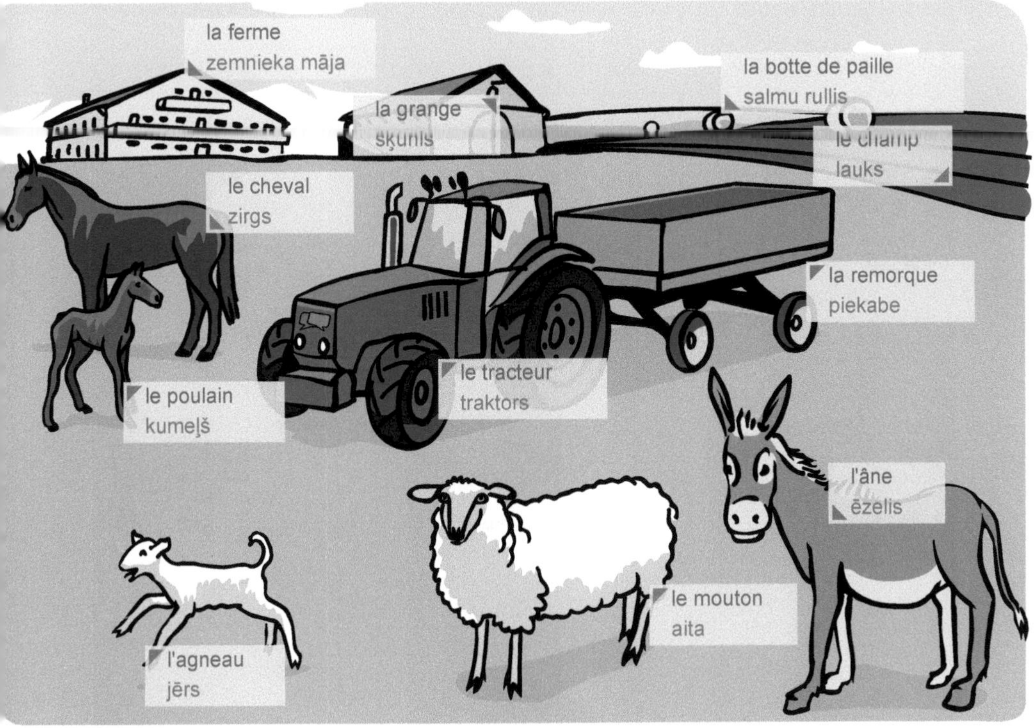

la ferme
zemnieka māja

la grange
šķūnis

la botte de paille
salmu rullis

le champ
lauks

le cheval
zirgs

la remorque
piekabe

le poulain
kumeļš

le tracteur
traktors

l'âne
ēzelis

l'agneau
jērs

le mouton
aita

la chèvre

kaza

la vache

govs

le veau

teļš

le porc

cūka

le porcelet

sivēns

le taureau

bullis

l'oie

zoss

le canard

pīle

le poussin

cālis

la poule

vista

le coq

gailis

le rat

žurka

le chat

kaķis

la souris

pele

le bœuf

vērsis

le chien

suns

le chenil

suņa būda

le tuyau de jardin

dārza šļūtene

l'arrosoir

lejkanna

la faucheuse

izkapts

la charrue

arkls

la faucille

sirpis

la pioche

kaplis

la fourche

mēslu dakša

la hache

cirvis

la brouette

ķerra

la cuve

sile

le pot à lait

piena kanna

le sac

maiss

la clôture

žogs

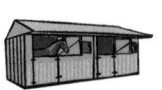

l'étable

kūts

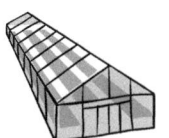

le serre

siltumnīca

le sol

augsne

les semences

sēklas

l'engrais

mēslojums

la moissonneuse-batteuse

kombains

la ferme - zemnieku saimniecība

29

récolter

novākt ražu

la récolte

raža

l'igname

jamss

le blé

kvieši

le soja

soja

la pomme de terre

kartupelis

le maïs

kukurūza

le colza

rapsis

l'arbre fruitier

augļu koks

le manioc

manioka

les céréales

labība

la maison
māja

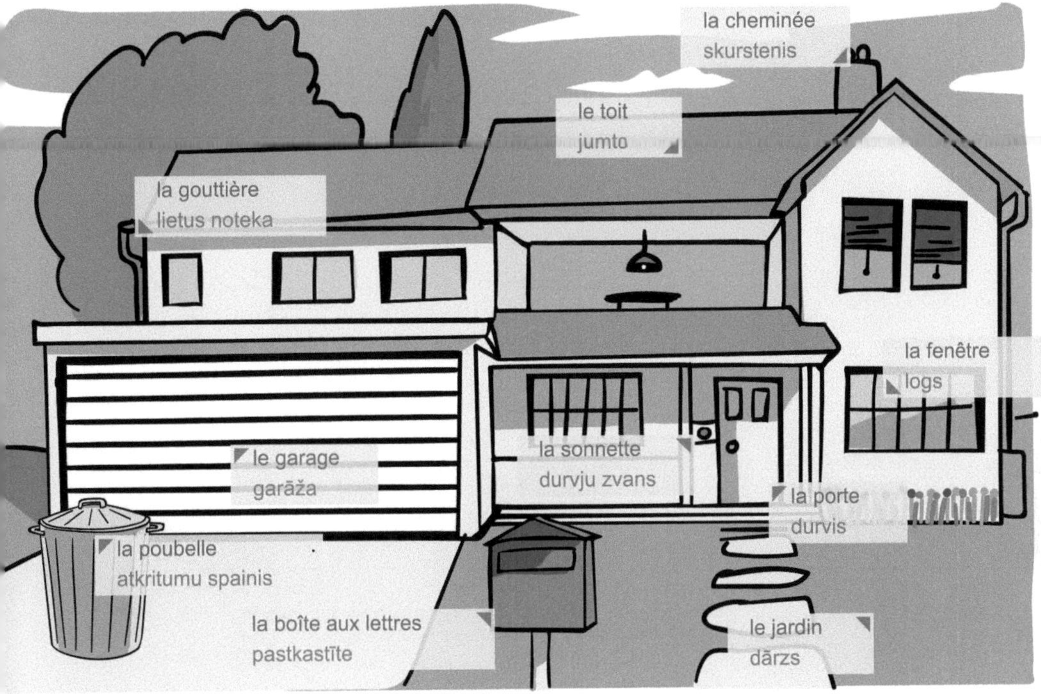

la cheminée
skurstenis
le toit
jumto
la gouttière
lietus noteka
la fenêtre
logs
le garage
garāža
la sonnette
durvju zvans
la porte
durvis
la poubelle
atkritumu spainis
la boîte aux lettres
pastkastīte
le jardin
dārzs

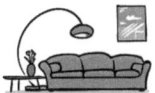

le salon

viesistaba

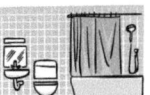

la salle de bain

vannas istaba

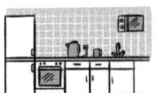

la cuisine

virtuve

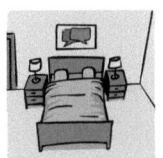

la chambre à coucher

guļamistaba

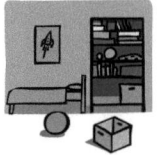

la chambre d'enfant

bērnu istaba

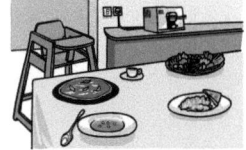

la salle à manger

ēdamistaba

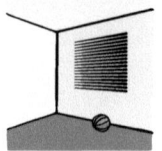

le sol

grīda

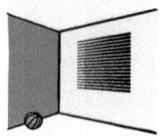

le mur

siena

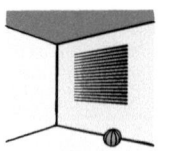

le plafond

griesti

la cave

pagrabs

le sauna

sauna

le balcon

balkons

la terrasse

terase

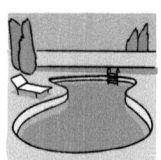

la piscine

baseins

la tondeuse à gazon

zāles pļāvējs

la housse

gultas veļa

la couette

sega

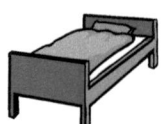

le lit

gulta

le balai

slota

le sceau

spainis

l'interrupteur

slēdzis

le salon
viesistaba

le papier peint
tapetes
l'image
attēls
la lampe
lampa
l'étagère
plaukts
l'armoire
skapis
la télé
televizors
la cheminée
kamīns
la fleur
puķe
le coussin
spilvens
le sofa
dīvāns
le vase
vāze
la télécommande
tālvadības pults

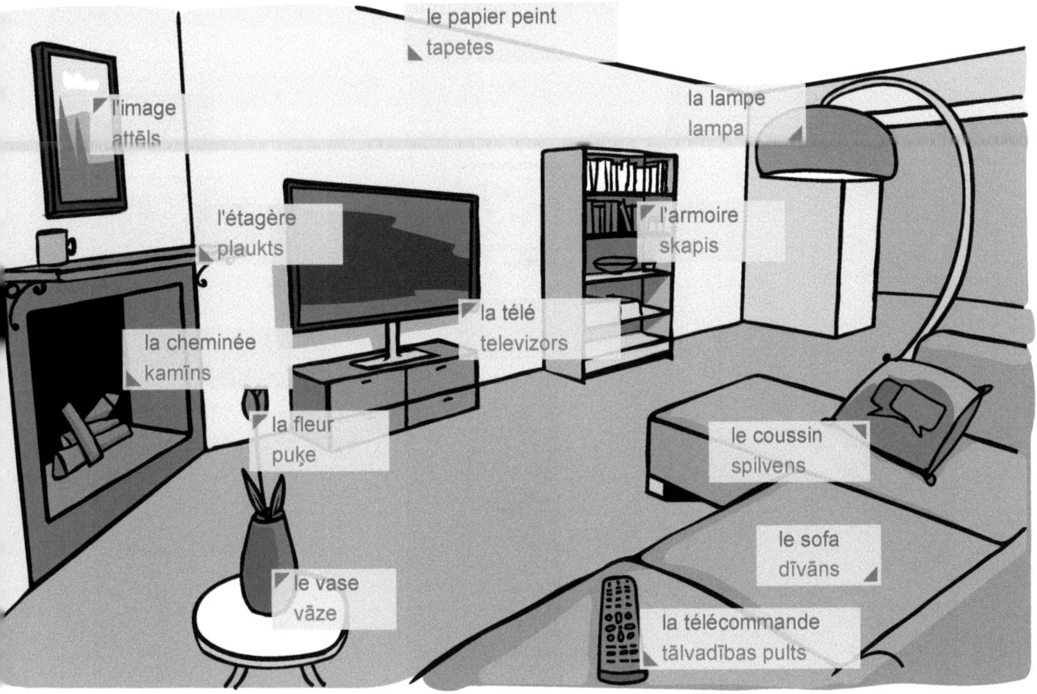

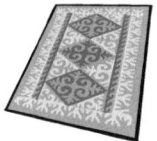

le tapis

paklājs

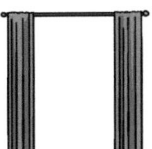

le rideau

aizkars

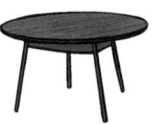

la table

galds

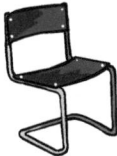

la chaise

krēsls

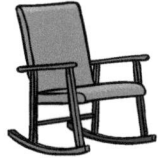

la chaise à bascule

šūpuļkrēsls

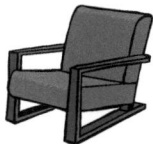

le fauteuil

atpūtas krēsls

le livre

grāmata

la couverture

sega

la décoration

dekorācija

le bois de chauffage

malka

le film

filma

la chaîne hi-fi

mūzikas centrs

la clé

atslēga

le journal

avīze

la peinture

glezna

le poster

plakāts

la radio

radio

le bloc-notes

pierakstu blociņš

l'aspirateur

putekļu sūcējs

le cactus

kaktuss

la bougie

svece

la cuisine
virtuve

le réfrigérateur
ledusskapis
le four à micro-ondes
mikroviļņu krāsns
la balance de cuisine
virtuves svari
le grille-pain
tosteris
le détergent
tīrīšanas līdzekļi
le four
cepeškrāsns
le compartiment congélateur
saldēšanas kamera
la poubelle
atkritumu spainis
le lave-vaisselle
trauku mazgājamā mašīna

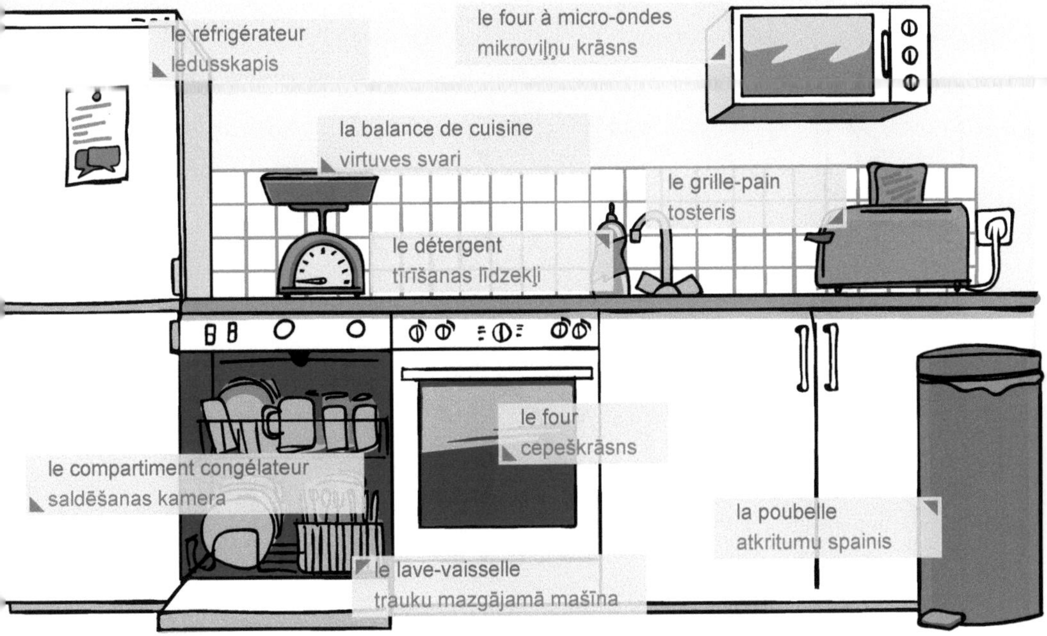

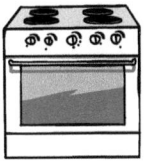

le four

plīts

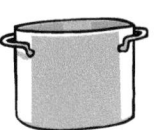

la casserole

pods

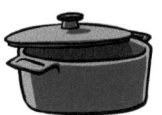

la marmite

katls

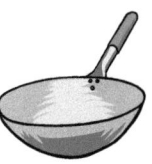

le wok / kadai

Wok panna

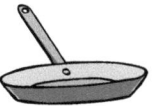

la poêle

panna

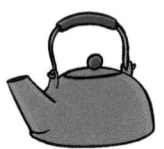

la bouilloire electrique

elektriskā tējkanna

le cuiseur vapeur

tvaika katls

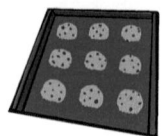

la plaque de cuisson

cepešpanna

la vaisselle

trauki

le gobelet

krūze

la coupe

bļoda

les baguettes

irbulīši

la louche

kauss

la spatule

lāpstiņa

le fouet

putošanas slotiņa

la passoire

sietiņš

le tamis

siets

la râpe

rīve

le mortier

piesta

le barbecue

grilēt

la cheminée

atklāts pavards

la planche à découper

dēlis

le rouleau à pâtisserie

mīklas rullis

le tire-bouchon

korķu viļķis

la boîte

bundža

l'ouvre-boîte

konservu nazis

les maniques

virtuves cimdi

le lavabo

izlietne

la brosse

birste

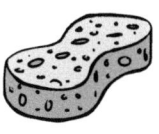

l'éponge

sūklis

le mixeur

mikseris

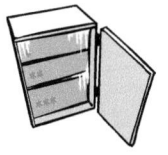

le congélateur

saldētava

le biberon

bērna pudelīte

le robinet

ūdenskrāns

la salle de bain

vannas istaba

la douche
duša
le chauffage
apkure
la serviette
dvielis
le rideau de douche
dušas aizkari
le bain moussant
vannas putas
la baignoire
vanna
le verre
glāze
la machine à laver
veļas mašīna
le robinet
ūdenskrāns
le carrelage
flīzes
le pot
podiņš
le lavabo
izlietne

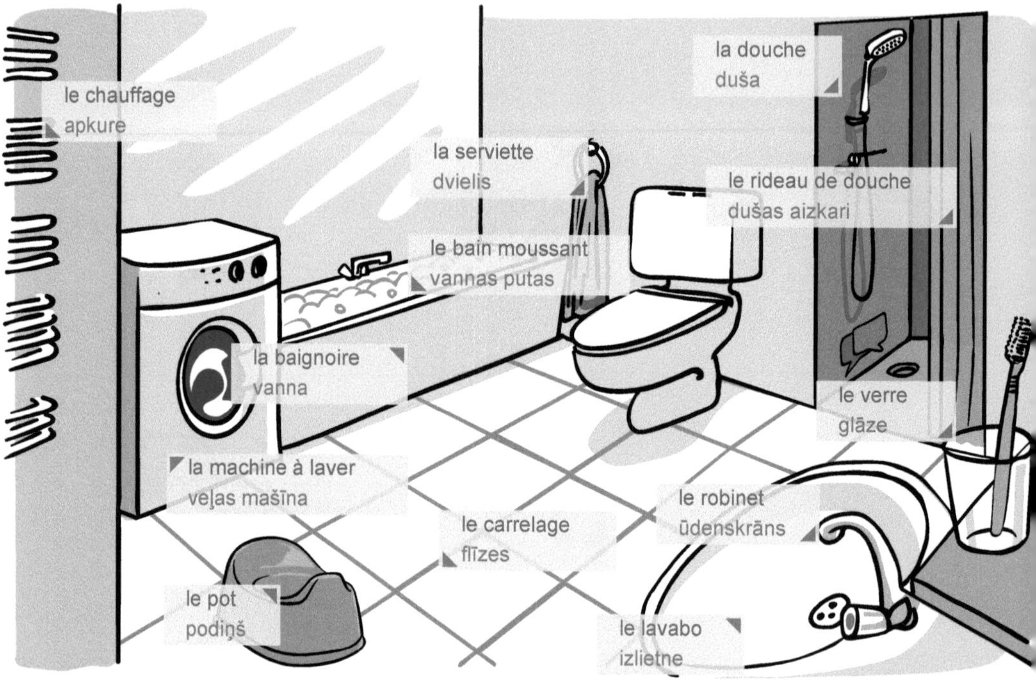

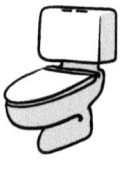

les toilettes

tualetes pods

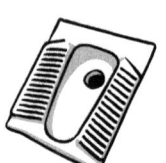

la toilette à la turque

Āzijas tipa tualete

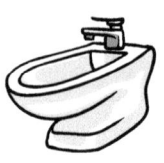

le bidet

bidē

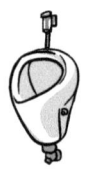

l'urinoir

pisuārs

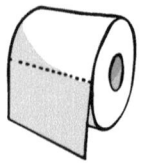

le papier toilette

tualetes papīs

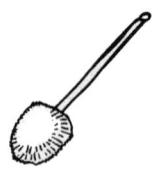

la brosse à toilette

tualetes birste

la brosse à dents

zobu birste

le dentifrice

zobu pasta

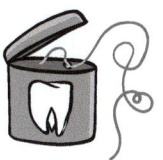

le fil dentaire

zobu diegs

laver

mazgāt

la douche manuelle

rokas duša

la douche intime

duša

la vasque

bļoda

la brosse dorsale

muguras mazgāšanas birste

le savon

ziepes

le gel douche

dušas želeja

le shampooing

šampūns

le gant de toilette

mazgāšanas drāna

l'écoulement

noteka

la crème

krēms

le déodorant

dezodorants

le miroir

spogulis

le miroir cosmétique

spogulītis

le rasoir

skuveklis

la mousse à raser

skūšanās putas

l'après-rasage

losjons pēc skūšanās

la peigne

ķemme

la brosse

matu suka

le sèche-cheveux

matu fēns

la laque pour cheveux

matu laka

le fond de teint

grima komplekts

le rouge à lèvres

lūpu krāsa

le vernis à ongles

nagulaka

l'ouate

vate

le coupe-ongles

šķērītes

le parfum

smaržas

la trousse de toilette

kosmētikas maks

le tabouret

ķeblītis

le pèse-personne

svari

le peignoir

halāts

les gants de nettoyage

tīrīšanas cimdi

le tampon

tampons

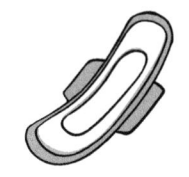

les serviettes hygiéniques

pakete

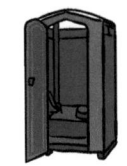

la toilette chimique

ķīmiskā tualete

la chambre d'enfant
bērnu istaba

le réveil
modinātājs
le doudou
mīkstā rotaļlieta
la voiture jouet
spēļu automašīna
le hochet
grabulis
la maison de poupée
leļļu māja
le cadeau
dāvana

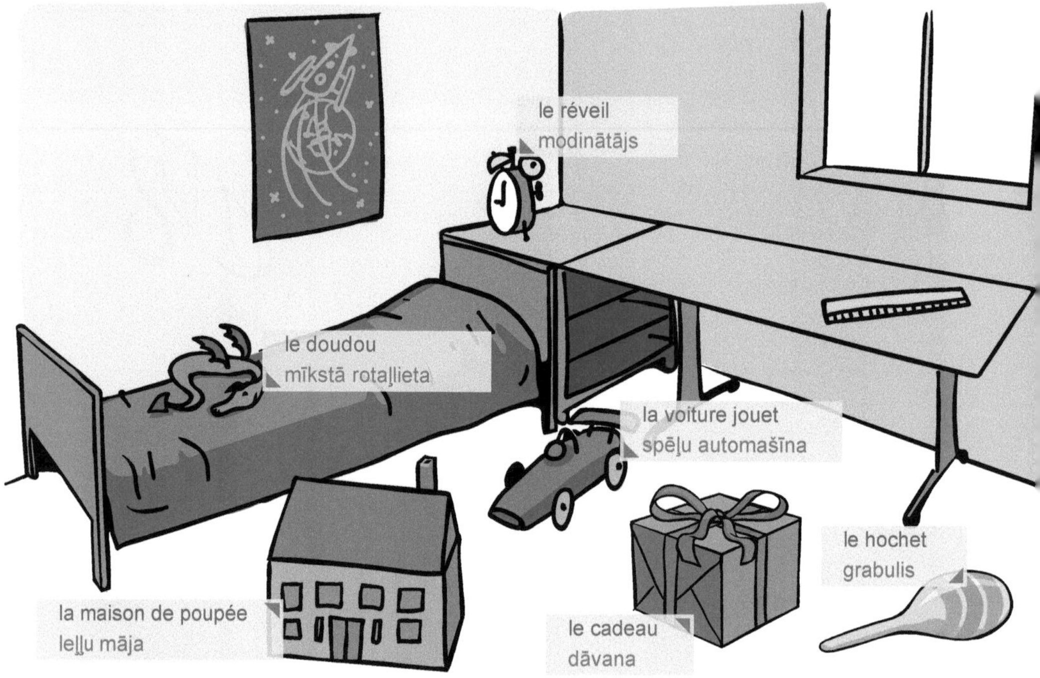

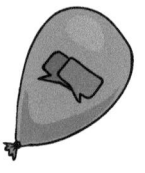

le ballon

balons

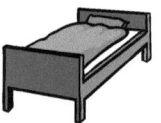

le lit

gulta

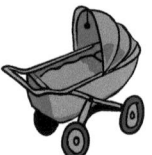

la poussette

bērnu ratiņi

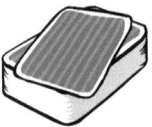

le jeu de cartes

kārtis

le puzzle

puzle

SUPER
MEGA

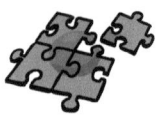

la bande dessinée

komikss

les pièces lego

LEGO klucīši

les blocs de construction

klucīši

la figurine

varoņu figūra

la grenouillère

rāpulītis

le frisbee

lidojošais šķīvītis

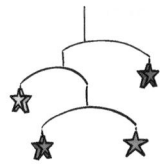

le mobile

muzikālais karuselis

le jeu de société

galda spēle

le dé

metamais kauliņš

le train miniature

rotaļu dzelzceļš

la sucette

māneklis

la fête

ballīte

le livre d'images

bilžu grāmata

la balle

bumba

la poupée

lelle

jouer

spēlēt

le bac à sable

smilšu kaste

la balançoire

šūpoles

les jouets

rotaļlietas

la console de jeu

spēļu konsole

le tricycle

trīsritenis

l'ours en peluche

plīša lācītis

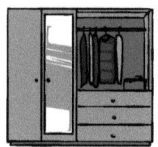

l'armoire

drēbju skapis

les vêtements

apģērbs

les chaussettes

īszeķes

les bas

zeķes

le collant

zeķbikses

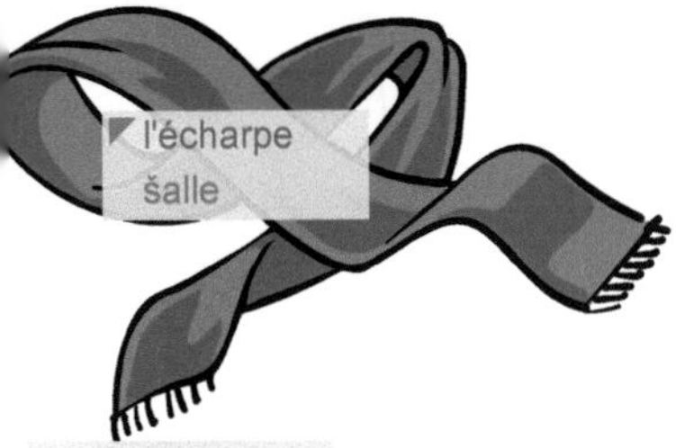

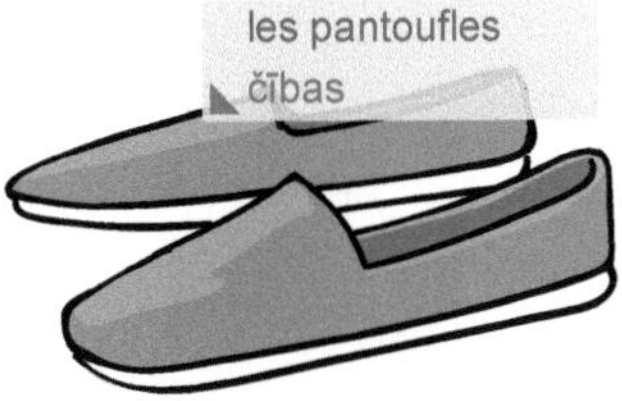

l'écharpe
šalle

la ceinture
siksna

le parapluie
lietussargs

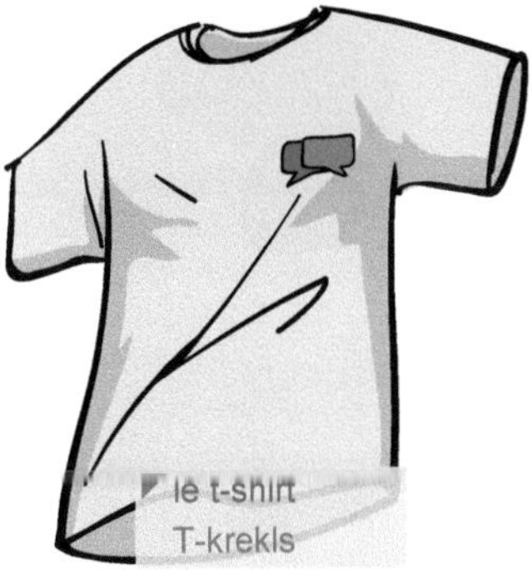

le t-shirt
T-krekls

les baskets
botas

les bottes
zābaks

les pantoufles
čības

les sandales
sandales

les chaussures
kurpes

les bottes de caoutchouc
gumijas zābaki

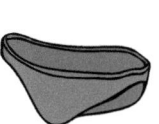
les sous-vêtements
apakšbikses

le soutien-gorge
krūšturis

le maillot de corps
apakškrekls

le body

bodijs

le pantalon

bikses

le jean

džinsi

la jupe

svārki

le chemisier

blūze

la chemise

krekls

le pull

pulovers

le sweat à capuche

džemperis

la veste

žakete

la veste

jaka

le manteau

mētelis

l'imperméable

lietus mētelis

le costume

kostīms

la robe

kleita

la robe de mariée

kāzu kleita

le costume

uzvalks

la chemise de nuit

naktskrekls

le pyjama

pidžama

le sari

sari

le foulard

lakats

le turban

turbāns

la burqa

burka

le caftan

kaftāns

l'abaya

abaja

le maillot de bain

peldkostīms

le maillot de bain

peldbikses

le short

šorti

la tenue d'entraînement

treniņtērps

le tablier

priekšauts

les gants

cimdi

les vêtements - apģērbs   47

le bouton
....
poga

les lunettes
....
brilles

le bracelet
....
rokassprādze

le collier
....
kaklarota

la bague
....
gredzens

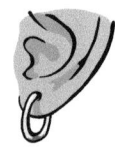

la boucle d'oreille
....
auskars

le bonnet
....
cepure

le cintre
....
drēbju pakaramais

le chapeau
....
platmale

la cravate
....
kaklasaite

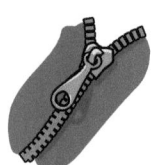

la fermeture éclair
....
rāvējslēdzējs

le casque
....
ķivere

les bretelles
....
bikšturi

l'uniforme scolaire
....
skolas forma

l'uniforme
....
uniforma

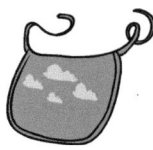

le bavoir

priekšautiņš

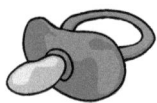

la sucette

māneklis

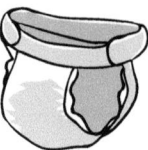

la lange

autiņbiksītes

le bureau
birojs

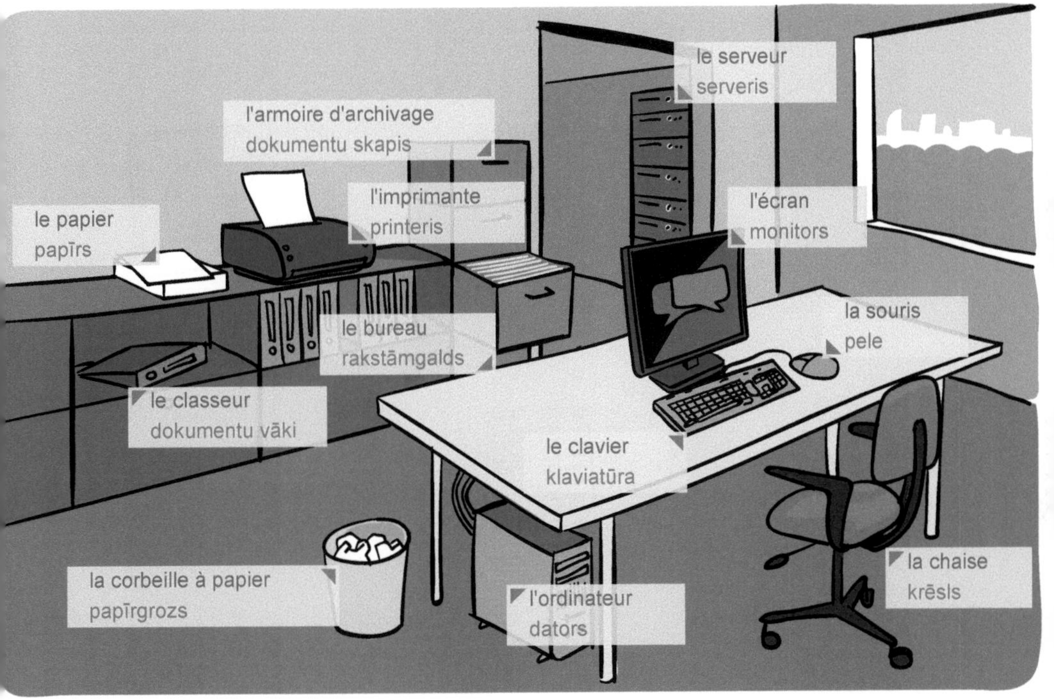
le serveur
serveris
l'armoire d'archivage
dokumentu skapis
le papier
papīrs
l'imprimante
printeris
l'écran
monitors
la souris
pele
le bureau
rakstāmgalds
le classeur
dokumentu vāki
le clavier
klaviatūra
la corbeille à papier
papīrgrozs
l'ordinateur
dators
la chaise
krēsls

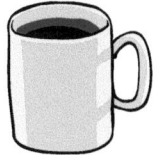

la tasse de café

kafijas krūze

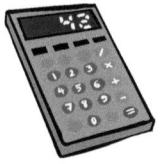

la calculatrice

kalkulators

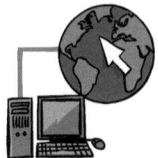

l'internet

internets

l'ordinateur portable

portatīvais dators

la lettre

vēstule

le message

ziņa

le portable

mobilais tālrunis

le réseau

tīkls

la photocopieuse

kopētājs

le logiciel

programmatūra

le téléphone

telefons

la prise

rozete

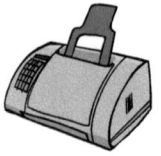

le fax

faksa aparāts

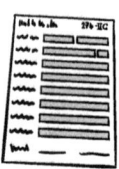

le formulaire

formulārs

le document

dokuments

acheter

pirkt

payer

samaksāt

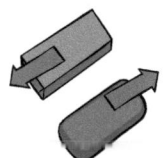

faire du commerce

tirgot

la monnaie

nauda

le dollar

dolārs

l'euro

eiro

le yen

jēna

le rouble

rublis

le franc suisse

franks

le renminbi yuan

juaņa renminbi

la roupie

rūpija

le distributeur automatique

bankomāts

le bureau de change

valūtas maiņas punkts

l'or

zelts

l'argent

sudrabs

le pétrole

nafta

l'énergie

enerģija

le prix

cena

le contrat

līgums

la taxe

nodoklis

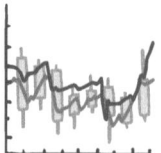

l'action

akcija

travailler

strādāt

l'employé

darbinieks

l'employeur

darba devējs

l'usine

fabrika

le magasin

veikals

les professions
profesijas

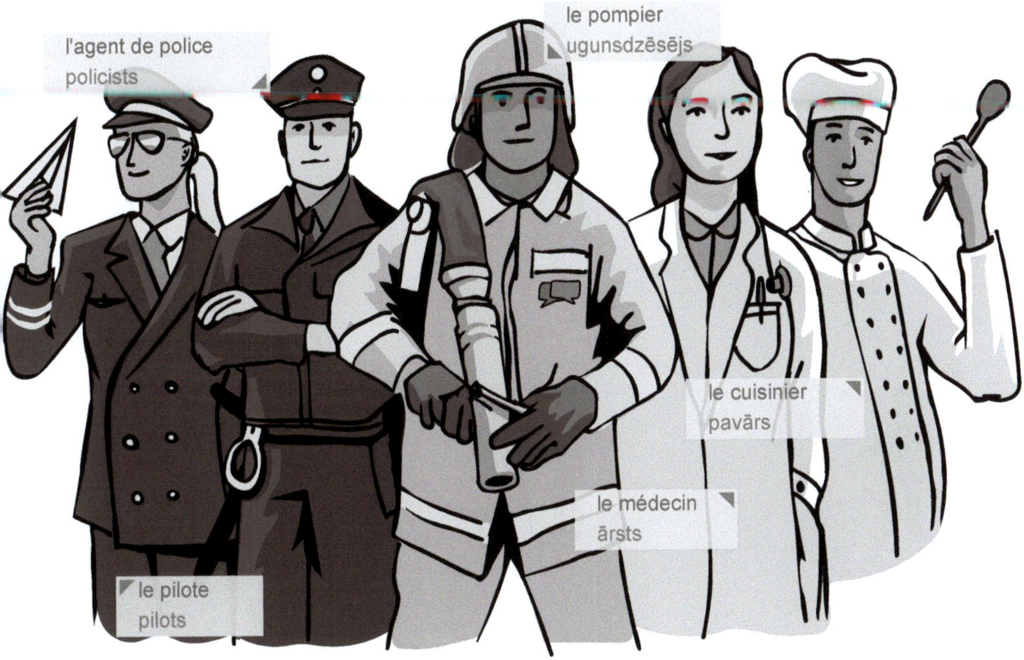
l'agent de police
policists
le pompier
ugunsdzēsējs
le cuisinier
pavārs
le médecin
ārsts
le pilote
pilots

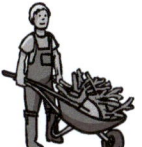

le jardinier
dārznieks

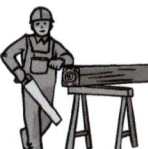

le menuisier
galdnieks

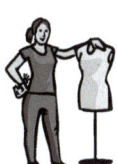

la couturière
šuvēja

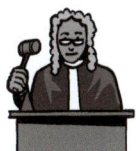

le juge
tiesnesis

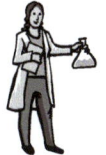

le chimiste
ķīmiķis

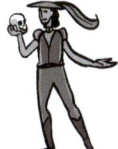

l'acteur
aktieris

le conducteur de bus

autobusa vadītājs

le chauffeur de taxi

taksometra vadītājs

le pêcheur

zvejnieks

la femme de ménage

apkopēja

le couvreur

jumiķis

le serveur

viesmīlis

le chasseur

mednieks

le peintre

gleznotājs

le boulanger

maiznieks

l'électricien

elektriķis

l'ouvrier

celtnieks

l'ingénieur

inženieris

le boucher

miesnieks

le plombier

skārdnieks

le facteur

pastnieks

le soldat

karavīrs

l'architecte

arhitekts

le caissier

kasieris

le fleuriste

florists

le coiffeur

frizieris

le contrôleur

konduktors

le mécanicien

mehāniķis

le capitaine

kapteinis

le dentiste

zobārsts

le scientifique

zinātnieks

le rabbin

rabīns

l'imam

imāms

le moine

mūks

le prêtre

mācītājs

les professions - profesijas

les outils
instrumenti

le marteau
āmurs
les pinces
knaibles
le tournevis
skrūvgriezis
la clé
uzgriežņu atslēga
la torche
kabatas lukturītis

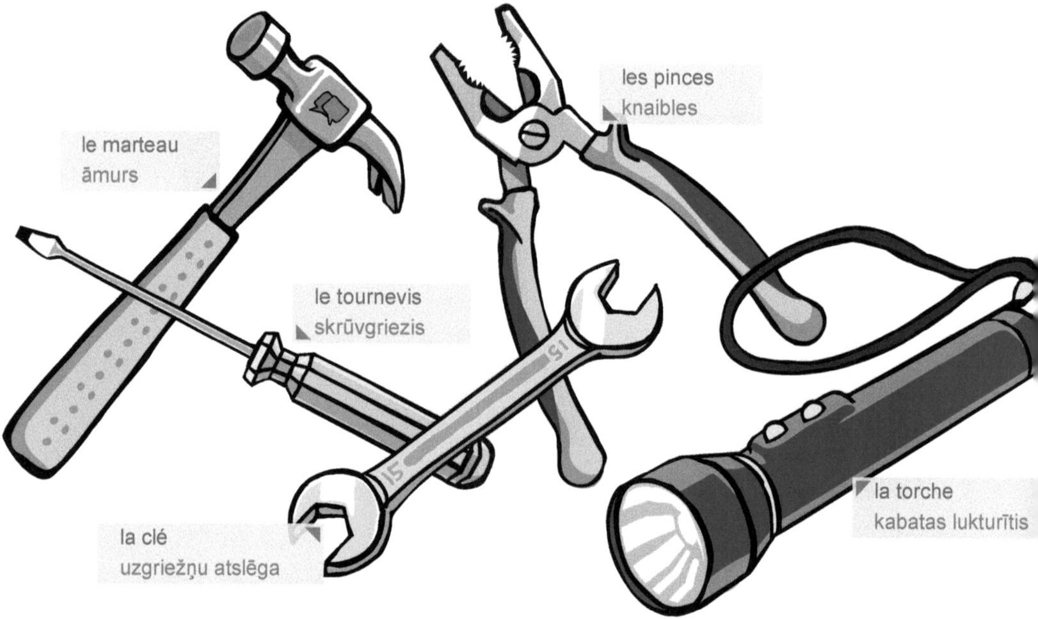

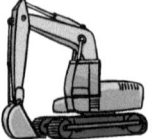

la pelleteuse

ekskavators

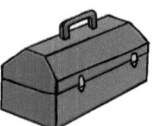

la boîte à outils

instrumentu kaste

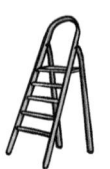

l'échelle

kāpnes

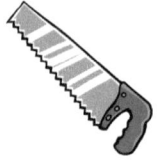

la scie

zāģis

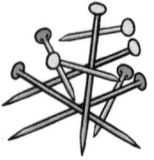

les clous

naglas

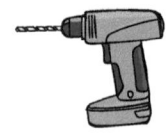

la perceuse

urbis

réparer

remontēt

la pelle

lāpsta

Mince !

Velns!

la pelle

liekšķere

le pot de peinture

krāsas bundža

les vis

skrūves

les instruments de musique
mūzikas instrumenti

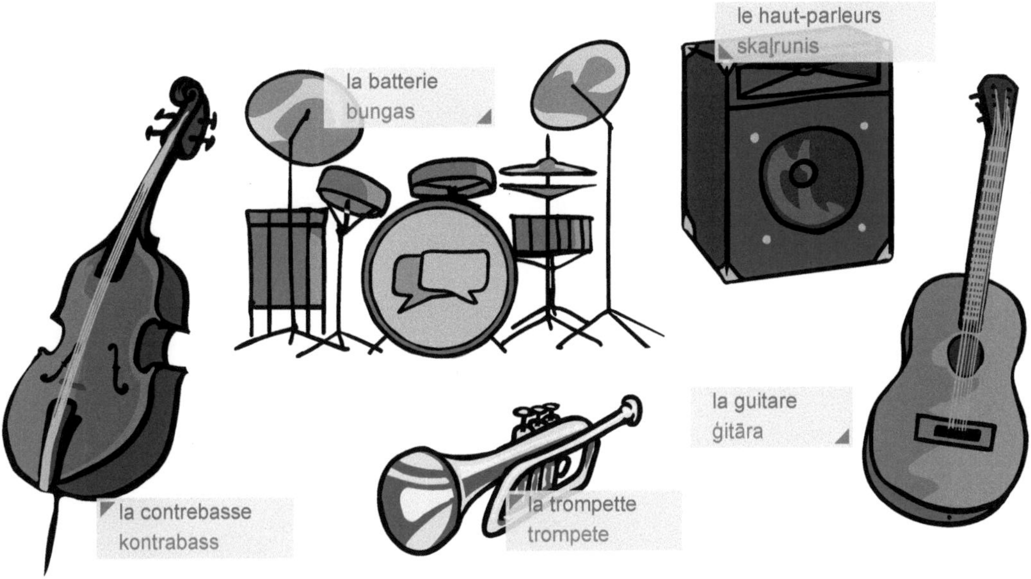

le haut-parleurs
skaļrunis

la batterie
bungas

la contrebasse
kontrabass

la trompette
trompete

la guitare
ģitāra

le piano

klavieres

le violon

vijole

la basse

bass

les timbales

timpāni

le tambour

bungas

le piano électrique

digitālās klavieres

le saxophone

saksofons

la flûte

flauta

le microphone

mikrofons

le zoo

zooloģiskais dārzs

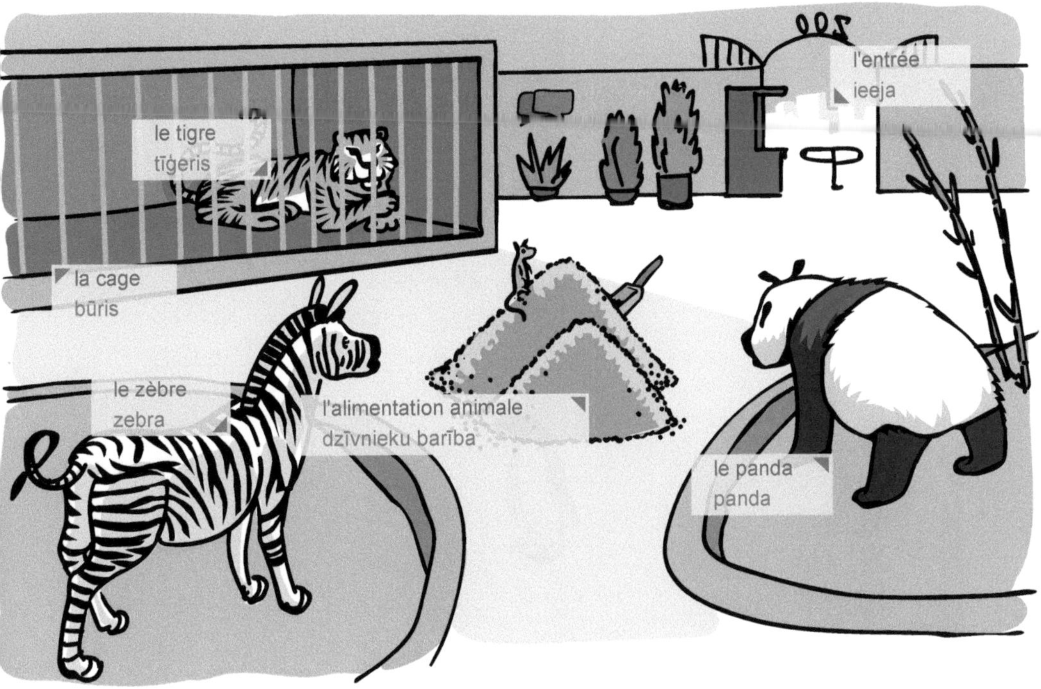
l'entrée
ieeja
le tigre
tīģeris
la cage
būris
le zèbre
zebra
l'alimentation animale
dzīvnieku barība
le panda
panda

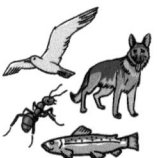

les animaux
dzīvnieki

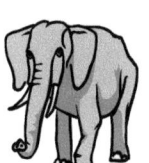

l'éléphant
zilonis

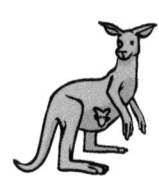

le kangourou
ķengurs

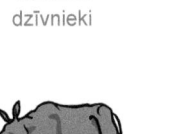

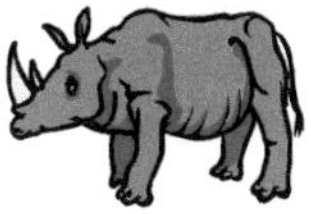

le rhinocéros
degunradzis

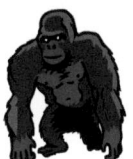

le gorille
gorilla

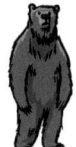

l'ours
lācis

le chameau

kamielis

l'autruche

strauss

le lion

lauva

le singe

pērtiķis

le flamand rose

flamings

le perroquet

papagailis

l'ours polaire

polārlācis

le pingouin

pingvīns

le requin

haizivs

le paon

pāvs

le serpent

čūska

le crocodile

krokodils

le gardien de zoo

zoodārza sargs

le phoque

ronis

le jaguar

jaguārs

le zoo - zooloģiskais dārzs

le poney

ponijs

le léopard

leopards

l'hippopotame

nīlzirgs

la girafe

žirafe

l'aigle

ērglis

le sanglier

meža cūka

le poisson

zivs

la tortue

bruņurupucis

le morse

valzirgs

le renard

lapsa

la gazelle

gazele

l'american Football
amerikāņu futbols

le cyclisme
riteņbraukšana

le tennis
teniss

le basket-ball
basketbols

la natation
peldēšana

la boxe
bokss

le hockey sur glace
hokejs

le football

futbols

le badminton

badmintons

l'athlétisme

vieglatlētika

le handball

rokas bumba

le ski

slēpošana

le polo

polo

les activités
darbības

rire
smieties
sauter
lēkt
embrasser
apskaut
marcher
iet
chanter
dziedāt
rêver
sapņot
prier
lūgt
faire la bise
skūpstīt

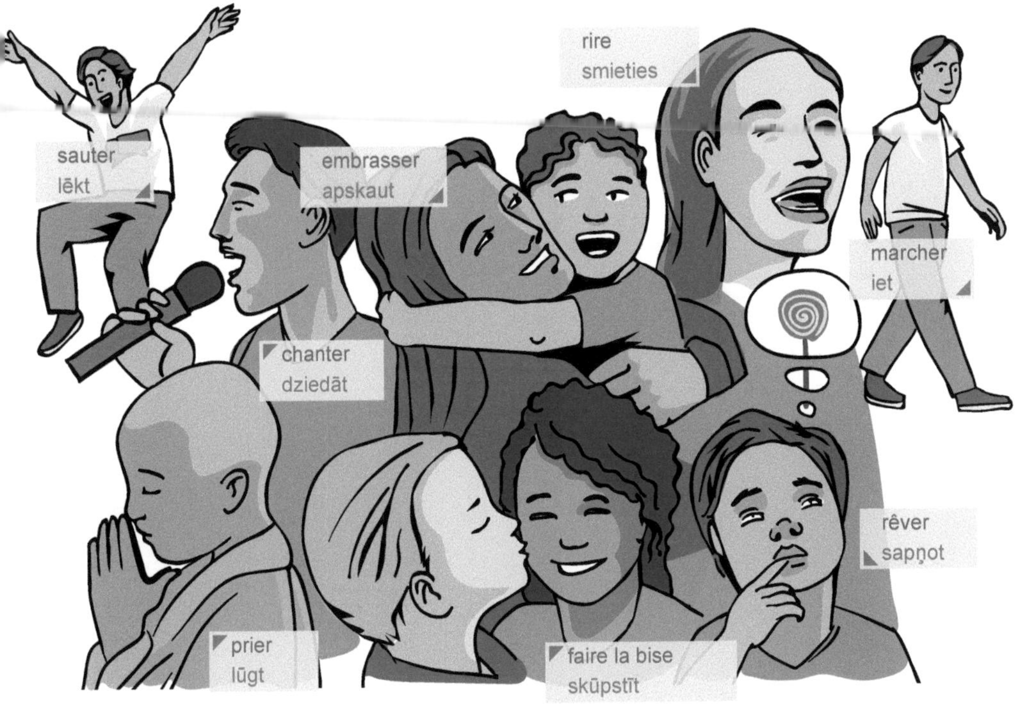

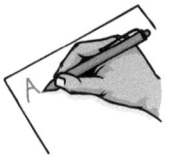

écrire
rakstīt

dessiner
zīmēt

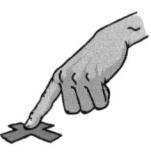

montrer
rādīt

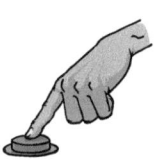

pousser
spiest

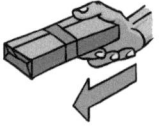

donner
dot

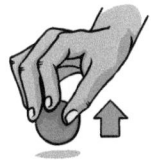

prendre
ņemt

avoir
······
būt

faire
······
darīt

être
······
būt

être debout
······
stāvēt

courir
······
skriet

trier
······
vilkt

jeter
······
mest

tomber
······
krist

être couché
······
gulēt

attendre
······
gaidīt

porter
······
nest

être assis
······
sēdēt

s'habiller
······
uzģērbt

dormir
······
gulēt

se réveiller
······
pamosties

regarder

skatīties

pleurer

raudāt

caresser

glāstīt

peigner

ķemmēt

parler

runāt

comprendre

saprast

demander

jautāt

écouter

dzirdēt

boire

dzert

manger

ēst

ranger

sakārtot

aimer

mīlēt

cuire

vārīt

conduire

braukt

voler

lidot

faire de la voile

burot

calculer

rēķināt

lire

lasīt

apprendre

mācīties

travailler

strādāt

se marier

precēties

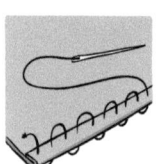

coudre

šūt

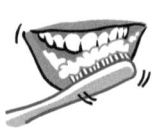

brosser les dents

tīrīt zobus

tuer

nogalināt

fumer

smēķēt

envoyer

sūtīt

la famille
ģimene

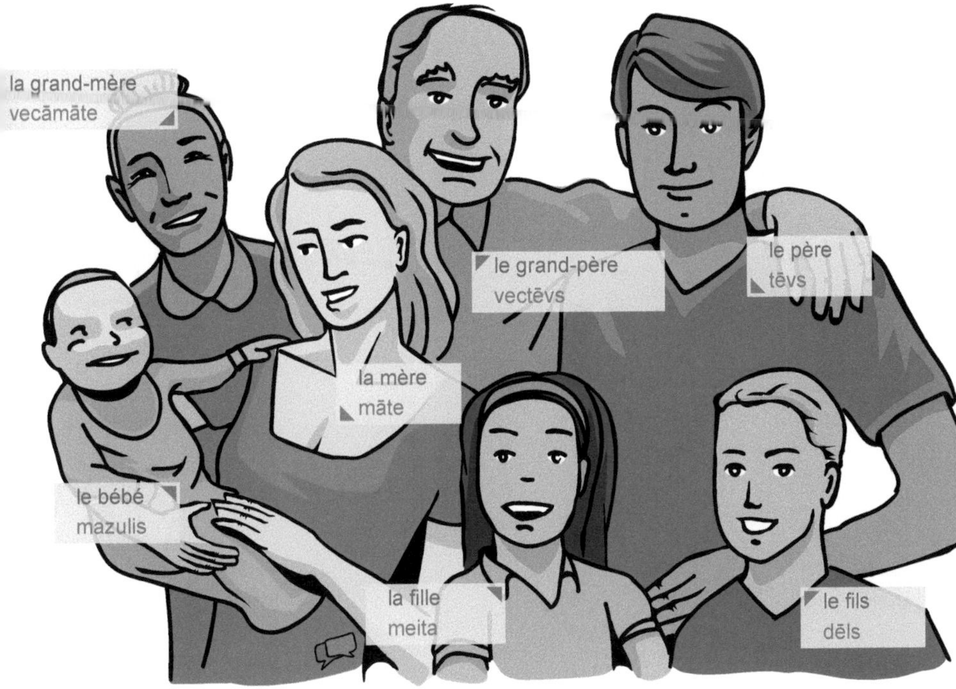

la grand-mère
vecāmāte
le grand-père
vectēvs
le père
tēvs
la mère
māte
le bébé
mazulis
la fille
meita
le fils
dēls

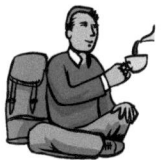

l'hôte

viesis

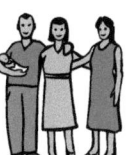

la tante

tante

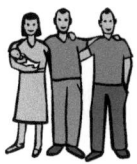

l'oncle

onkulis

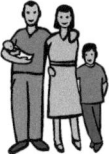

le frère

brālis

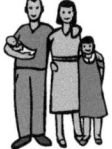

la sœur

māsa

le corps
ķermenis

le front
piere
l'œil
acs
l'épaule
plecs
le doigt
pirksts
le visage
seja
le menton
zods
la main
roka
la poitrine
krūtis
la jambe
kāja
le bras
roka

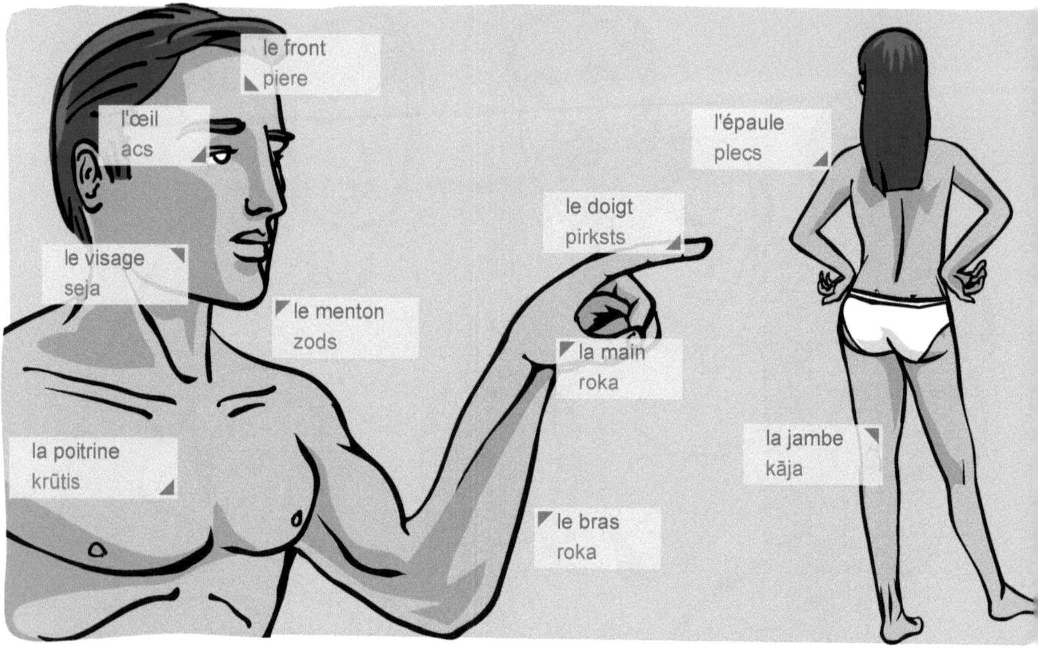

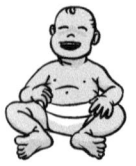

le bébé
mazulis

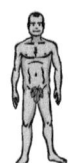

l'homme
vīrietis

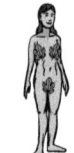

la femme
sieviete

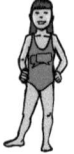

la fille
meitene

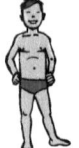

le garçon
zēns

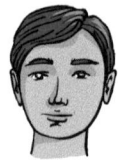

la tête
galva

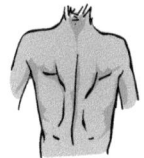

le dos

mugura

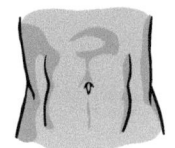

le ventre

vēders

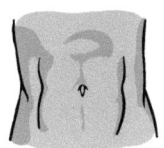

le nombril

naba

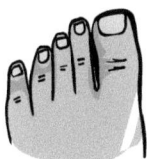

l'orteil

kājas pirksts

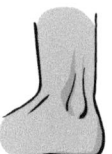

le talon

papēdis

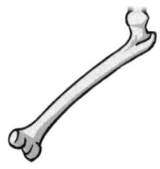

l'os

kauls

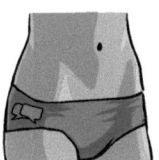

la hanche

gurns

le genou

celis

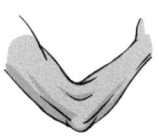

le coude

elkonis

le nez

deguns

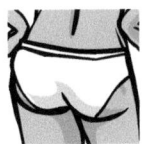

les fesses

dibens

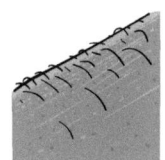

la peau

āda

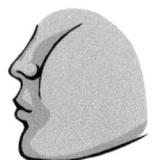

la joue

vaigs

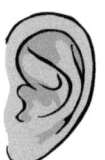

l'oreille

auss

la lèvre

lūpa

la bouche
mute

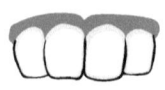

la dent
zobs

la langue
mēle

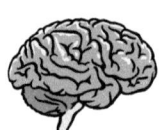

le cerveau
smadzenes

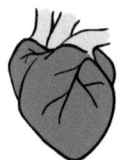

le cœur
sirds

le muscle
muskulis

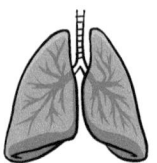

les poumons
plaušas

le foie
aknas

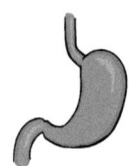

l'estomac
kuņģis

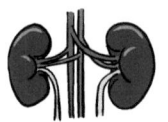

les reins
nieres

le rapport sexuel
dzimumakts

le préservatif
kondoms

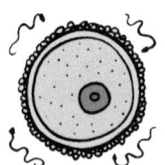

l'ovule
olšūna

le sperme
sperma

la grossesse
grūtniecība

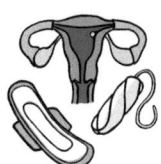

la menstruation

menstruācijas

le vagin

vagīna

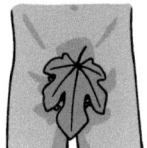

le pénis

penis

le sourcil

uzacs

les cheveux

mati

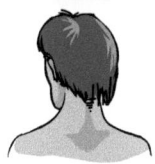

le cou

kakls

l'hôpital
slimnīca

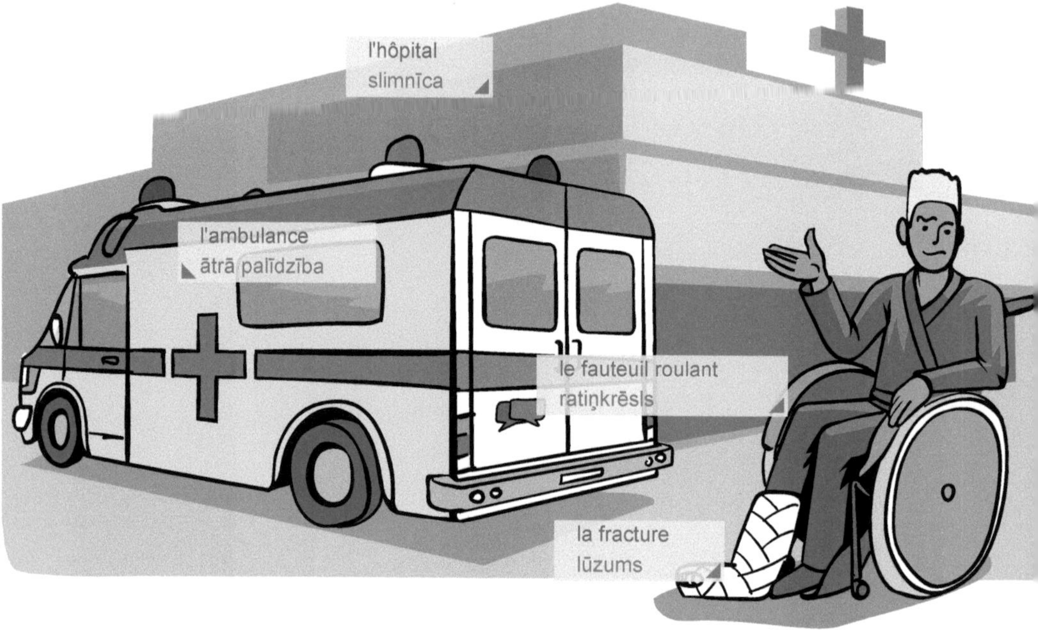

l'hôpital
slimnīca
l'ambulance
ātrā palīdzība
le fauteuil roulant
ratiņkrēsls
la fracture
lūzums

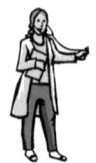

le médecin

ārsts

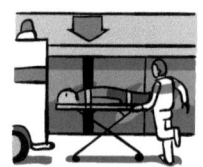

le service des urgences

neatliekamās palīdzības nodaļa

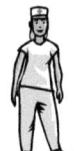

l'infirmière

medmāsa

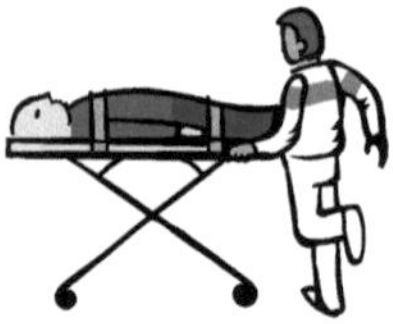

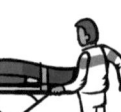

l'urgence

ārkārtas gadījums

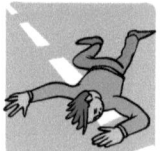

inconscient

paģībis

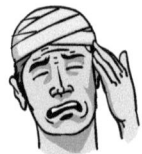

la douleur

sāpes

la blessure

ievainojums

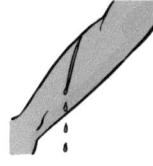

l'hémorragie

asiņošana

la crise cardiaque

sirdslēkme

l'attaque cérébrale

insults

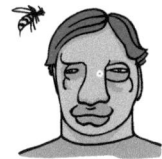

l'allergie

alerģija

la toux

klepus

la fièvre

temperatūra

la grippe

gripa

la diarrhée

caureja

le mal de tête

galvassāpes

le cancer

vēzis

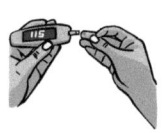

le diabète

diabēts

le chirurgien

ķirurgs

le scalpel

skalpelis

l'opération

operācija

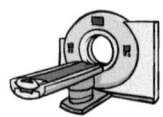

le CT

datortomogrāfija

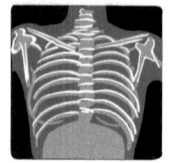

la radiographie

rentgents

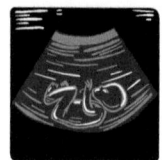

l'échographie

ultraskaņa

le masque

sejas maska

la maladie

slimība

la salle d'attente

uzgaidāmā telpa

la béquille

kruķis

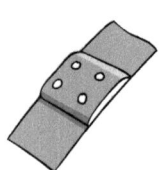

le pansement

plāksteris

le pansement

apsējs

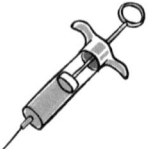

l'injection

injekcija

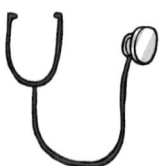

le stéthoscope

stetoskops

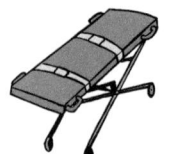

le brancard

nestuves

le thermomètre

termometrs

l'accouchement

dzemdības

la surcharge pondérale

liekais svars

74

l'appareil auditif

dzirdes aparāts

le désinfectant

dezinfekcijas līdzeklis

l'infection

infekcija

le virus

vīruss

le VIH / le sida

HIV / AIDS

le médicament

zāles

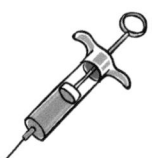

la vaccination

pote

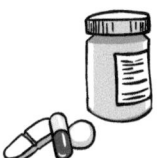

les comprimés

tabletes

la pilule

pretapaugļošanās tablete

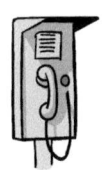

l'appel d'urgence

ārkārtas izsaukums

le tensiomètre

asinsspiediena mērītājs

malade / sain

slims / vesels

l'alarme
trauksme

l'assaut
uzbrukums

Au secours !
Palīgā!

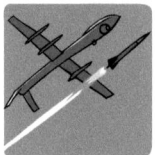

l'attaque
uzbrukums

le danger
bīstamība

la sortie de secours
avārijas izeja

Au feu!
Uguns!

l'extincteur
ugunsdzēšamais aparāts

l'accident
negadījums

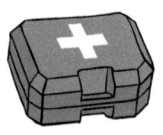

la trousse de premier
secours
pirmās palīdzības aptieciņa

SOS
SOS

la police
policija

l'Europe

Eiropa

l'Amérique du Nord

Ziemeļamerika

l'Amérique du Sud

Dienvidamerika

l'Afrique

Āfrika

l'Asie

Āzija

l'Australie

Austrālija

l'Océan atlantique

Atlantijas okeāns

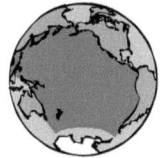

l'Océan pacifique

Klusais okeāns

l'Océan indien

Indijas okeāns

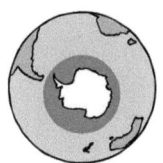

l'Océan antarctique

Dienvidu okeāns

l'Océan arctique

Ziemeļu ledus okeāns

le Pôle nord

Ziemeļpols

le Pôle sud

Dienvidpols

l'Antarctique

Antarktika

la terre

zeme

le pays

zeme

la mer

jūra

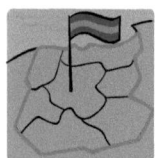

l'île

sala

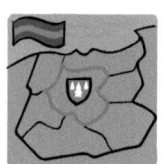

la nation

nācija

l'état

valsts

le cadran

ciparnīca

l'aiguille des heures

stundu rādītājs

l'aiguille des minutes

minūšu rādītājs

l'aiguille des secondes

sekunžu rādītājs

Quelle heure est-il ?

Cik ir pulkstenis?

le jour

diena

le temps

laiks

maintenant

tagad

la montre digitale

digitālais pulkstenis

la minute

minūte

l'heure

stunda

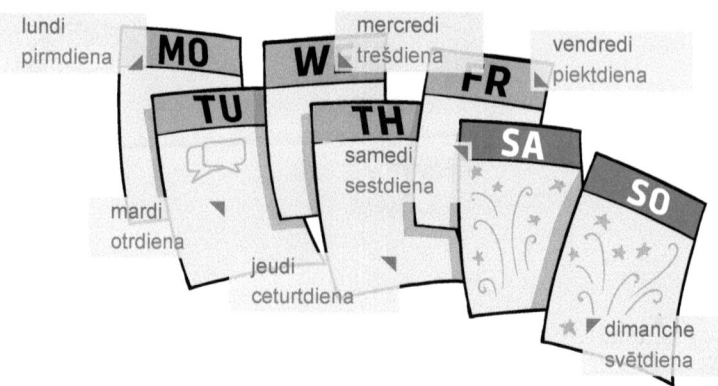

lundi
pirmdiena

mercredi
trešdiena

vendredi
piektdiena

mardi
otrdiena

jeudi
ceturtdiena

samedi
sestdiena

dimanche
svētdiena

hier

vakardien

aujourd'hui

šodien

demain

rītdien

le matin

rīts

le midi

pusdienlaiks

le soir

vakars

MO	TU	WE	TH	FR	SA	SU
1	2	3	4	5	6	7
8	9	10	11	12	13	14
15	16	17	18	19	20	21
22	23	24	25	26	27	28
29	30	31	1	2	3	4

les jours ouvrables

darbadienas

MO	TU	WE	TH	FR	SA	SU
1	2	3	4	5	6	7
8	9	10	11	12	13	14
15	16	17	18	19	20	21
22	23	24	25	26	27	28
29	30	31	1	2	3	4

le week-end

brīvdienas

l'année
gads

la pluie
lietus
l'arc-en-ciel
varavīksne
la neige
sniegs
le vent
vējš
le printemps
pavasaris
l'automne
rudens
l'été
vasara
l'hiver
ziema

4.APRIL 11°
5.APRIL 4°
6.APRIL 13°
7.APRIL 8°
8.APRIL 10°

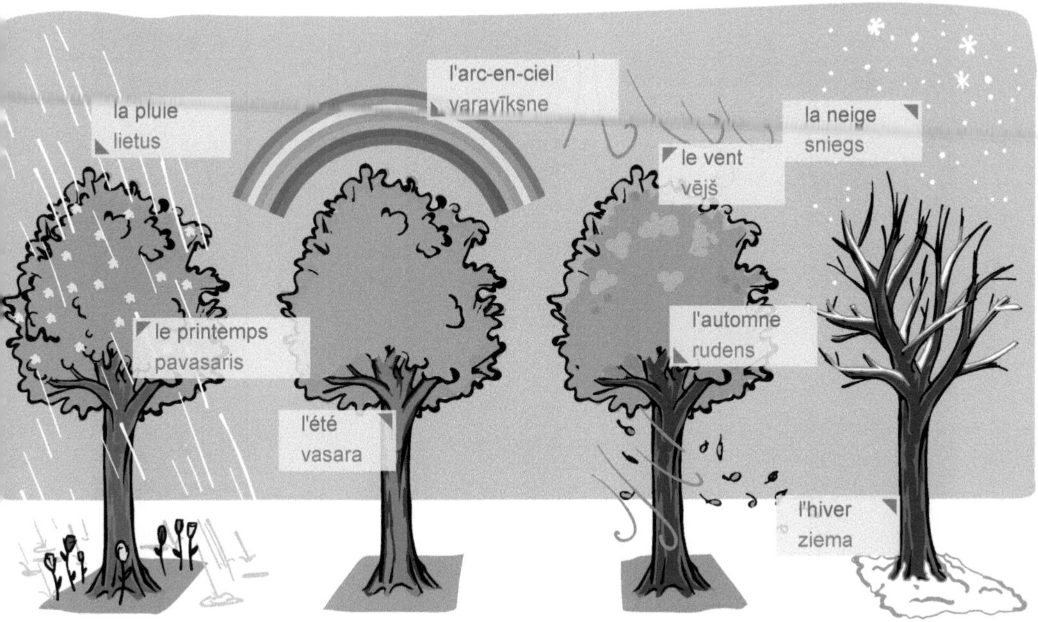

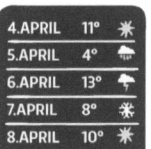

la météo

laika prognoze

F C
120 90 60 30 0 -30
40 30 20 10 0 -10 -20

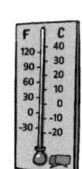

le thermomètre

termometrs

la lumière du soleil

saules gaisma

le nuage

mākonis

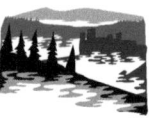

le brouillard

migla

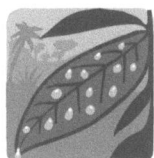

l'humidité

gaisa mitrums

la foudre

zibens

la tonnerre

pērkons

la tempête

vētra

la grêle

krusa

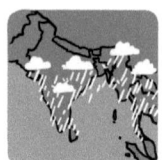

la mousson

musons

l'inondation

plūdi

la glace

ledus

janvier

janvāris

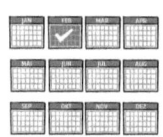

février

februāris

mars

marts

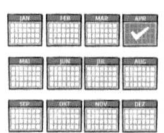

avril

aprīlis

mai

maijs

juin

jūnijs

juillet

jūlijs

août

augusts

l'année - gads

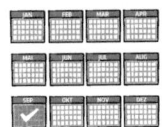

septembre

septembris

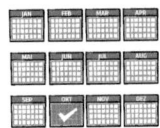

octobre

oktobris

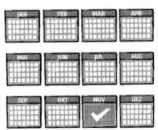

novembre

novembris

décembre

decembris

les formes

formas

le cercle

aplis

le carré

kvadrāts

le rectangle

četrstūris

le triangle

trīsstūris

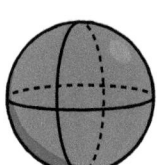

la sphère

lode

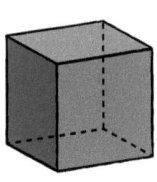

le cube

kubs

blanc

balts

jaune

dzeltens

orange

oranžs

rose

sārts

rouge

sarkans

violet

lillā

bleu

zils

vert

zaļš

marron

brūns

gris

pelēks

noir

melns

beaucoup / peu

daudz / maz

fâché / calme

saniknots / miermīlīgs

joli / laid

skaists / neglīts

le début / la fin

sākums / beigas

grand / petit

liels / mazs

clair / obscure

gaišs / tumšs

frère / soeur

brālis / māsa

propre / sale

tīrs / netīrs

complet / incomplet

pilnīgs / nepilnīgs

le jour / la nuit

diena / nakts

mort / vivant

miris / dzīvs

large / étroit

plats / šaurs

comestible / incomestible

baudāms / nebaudāms

méchant / gentil

nikns / laipns

excité / ennuyé

satraukts / garlaikots

gros / mince

resns / tievs

le premier / le dernier

pirmais /pēdējais

l'ami / l'ennemi

draugs / ienaidnieks

plein / vide

pilns / tukšs

dur / souple

ciets / mīksts

lourd / léger

smags / viegls

faim / soif

izsalkums / slāpes

malade / sain

slims / vesels

illégal / légal

nelegāls / legāls

intelligent / stupide

inteliģents / dumjš

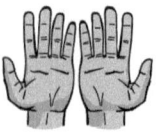

gauche / droite

kreisais / labais

proche / loin

tuvu / tālu

les oppositions - pretstati

nouveau / usé

jauns / lietots

rien / quelque chose

nekas / kaut kas

vieux / jeune

vecs / jauns

marche / arrêt

ieslēgts / izslēgts

ouvert / fermé

atvērts / slēgts

faible / fort

kluss / skaļš

riche / pauvre

bagāts / nabags

correct / incorrect

pareizi / nepareizi

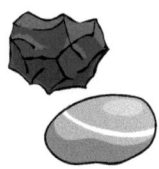

rugueux / lisse

raupjš / gluds

triste / heureux

noskumis / laimīgs

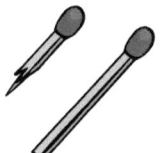

court / long

īss / garš

lent / rapide

lēns / ātrs

mouillé / sec

slapjš / sauss

chaud / froid

silts / vēss

la guerre / la paix

karš / miers

0

zéro

nulle

1

un / une

viens

2

deux

divi

3

trois

trīs

4

quatre

četri

5

cinq

pieci

6

six

seši

7

sept

septiņi

8

huit

astoņi

9

neuf

deviņi

10

dix

desmit

11

onze

vienpadsmit

12

douze
divpadsmit

13

treize
trīspadsmit

14

quatorze
četrpadsmit

15

quinze
piecpadsmit

16

seize
sešpadsmit

17

dix-sept
septiņpadsmit

18

dix-huit
astoņpadsmit

19

dix-neuf
deviņpadsmit

20

vingt
divdesmit

100

cent
simts

1.000

mille
tūkstotis

1.000.000

le million
miljons

l'anglais

angļu

l'anglais américain

amerikāņu angļu

le chinois mandarin

ķīniešu mandarīnu valoda

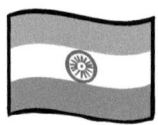

le hindi

hindi

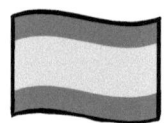

l'espagnol

spāņu

le français

franču

l'arabe

arābu

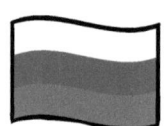

le russe

krievu

le portugais

portugāļu

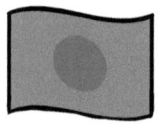

le bengali

bengāļu

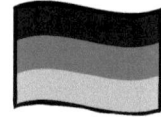

l'allemand

vācu

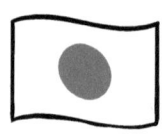

le japonais

japāņu

je
....
es

tu
....
tu

il / elle / ce, c', cela
....
viņš / viņa

nous
....
mēs

vous
....
jūs

ils / elles
....
viņi / viņas

Qui ?
....
kas?

Quoi ?
....
ko?

Comment ?
....
kā?

Où ?
....
kur?

Quand ?
....
kad?

le nom
....
vārds

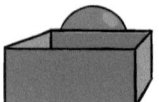

derrière

aiz

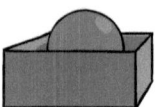

dans

iekšā

devant

priekšā

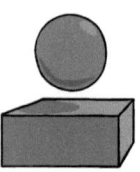

au-dessus

virs

sur

uz

en-dessous

zem

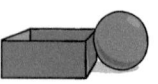

à côté de

blakus

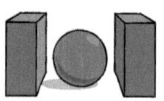

entre

starp

le lieu

vieta